introdução ao direito imobiliário

introdução ao direito imobiliário

Rodrigo Reis Silva

Rua Clara Vendramin, 58
Mossunguê . CEP 81200-170
Curitiba . PR . Brasil
Fone: (41) 2106-4170
www.intersaberes.com
editora@intersaberes.com

▨ Conselho editorial
Dr. Alexandre Coutinho Pagliarini
Drª. Elena Godoy
Dr. Neri dos Santos
Mª. Maria Lúcia Prado Sabatella

▨ Editora-chefe
Lindsay Azambuja

▨ Gerente editorial
Ariadne Nunes Wenger

▨ Assistente editorial
Daniela Viroli Pereira Pinto

▨ Preparação de originais
Ana Maria Ziccardi

▨ Edição de texto
Camila Rosa
Palavra do Editor

▨ Projeto gráfico
Raphael Bernadelli

▨ Capa
Charles L. da Silva (*design*)
Tiko Aramyan/Shutterstock (imagem)

▨ Diagramação
Fabio V. Silva

▨ Equipe de *design*
Charles L. da SIlva

▨ Iconografia
Regina Claudia Cruz Prestes

Dados Internacionais de Catalogação na Publicação (CIP)
(Câmara Brasileira do Livro, SP, Brasil)

Silva, Rodrigo Reis
 Introdução ao direito imobiliário / Rodrigo Reis Silva. --
Curitiba, PR : InterSaberes, 2025.
 Bibliografia.
 ISBN 978-85-227-1652-4

 1. Direito imobiliário – Leis e legislação – Brasil 2. Imóveis –
Leis e legislação – Brasil I. Título.

24-243121　　　　　　　　　　　　　　　　　　CDU-347.235(81)

Índice para catálogo sistemático:
1. Brasil : Direito imobiliário　347.235(81)

Eliane de Freitas Leite – Bibliotecária – CRB 8/8415

1ª edição, 2025.

Foi feito o depósito legal.

Informamos que é de inteira
responsabilidade do autor a emissão
de conceitos.

Nenhuma parte desta publicação
poderá ser reproduzida por qualquer
meio ou forma sem a prévia autorização
da Editora InterSaberes.

A violação dos direitos autorais
é crime estabelecido na Lei n.
9.610/1998 e punido pelo art. 184
do Código Penal.

apresentação 11

Capítulo 1 Áreas de estudo do direito imobiliário - 15

1.1 Direitos reais - 17
1.2 Direito das obrigações - 28
1.3 Contratos imobiliários - 36
1.4 Contrato de comissão de corretagem - 52
1.5 Direito registral imobiliário - 55

Capítulo 2 Propriedade como um direito real - 59

2.1 Conceito de propriedade, segundo o Código Civil - 59
2.2 Características da propriedade - 62
2.3 Formas de aquisição de propriedade - 64
2.4 Contrato de compra e venda, escritura e registro - 66
2.5 *Due diligence* - 80
2.6 Perda da propriedade - 83

sumário

Capítulo 3 **O instituto da posse - 89**

3.1 Conceito de posse, segundo o Código Civil - 90
3.2 Elementos da posse - 92
3.3 Regularização da posse - 96
3.4 Ações possessórias - 99
3.5 Extinção e perda da posse - 110

Capítulo 4 **Conceitos básicos da incorporação - 113**

4.1 Contrato de incorporação imobiliária e legislação aplicável - 113
4.2 Patrimônio de afetação - 120
4.3 Permuta por área construída e seus cuidados - 124
4.4 Tópicos obrigatórios em contrato - 130
4.5 Lei do Distrato - 138

Capítulo 5 **Constituição de condomínios - 145**

5.1 Conceito e espécies - 145
5.2 Unidade autônoma e área comum - 147
5.3 Direitos e obrigações dos condôminos - 150

Capítulo 6 **Alienação fiduciária - 161**

6.1 Conceito de alienação fiduciária - 161
6.2 Partes, natureza jurídica e objeto - 163
6.3 Posse e propriedade na alienação fiduciária - 165
6.4 Inadimplência e consolidação da propriedade - 166
6.5 Leilão extrajudicial - 170

Capítulo 7   Lei do Inquilinato - 179

- 7.1 Conceito e aplicação - 179
- 7.2 Locação residencial - 181
- 7.3 Locação comercial - 193
- 7.4 Locação em *shopping center* - 197
- 7.5 Garantias locatícias - 199
- 7.6 Direito de preferência - 204
- 7.7 Ação de despejo, execução de aluguéis e cobrança de danos - 209

considerações finais 219

referências 221

sobre o autor 229

Agradeço primeiramente a Deus por me capacitar e oportunizar a apresentação deste trabalho. A minha família e meus amigos que me incentivaram no processo de construção desta obra – em especial minha esposa, Lidiane M. Reis Silva, e o professor e amigo André Peixoto de Souza.

A Editora Intersaberes pelo apoio e pela confiança depositada, e a toda a equipe pelo auxílio indispensável durante o desenvolvimento e a conclusão deste livro.

O presente estudo visa apresentar ao leitor noções e conhecimentos básicos sobre o direito imobiliário, ramo de extrema importância em razão de estar presente em grande parte das relações interpessoais de nosso cotidiano. Dessa forma, elaboramos um material que possibilita o entendimento da aplicação e da relevância jurídico-social de alguns dos principais temas nesse segmento.

Assim como outras áreas do direito, o direito imobiliário é uma ciência tardia e que necessita da ocorrência de determinados eventos para que possa apresentar as soluções necessárias. Como exemplo dessa dinâmica, podemos citar a Lei n. 13.786, de 27 de dezembro de 2018, conhecida como *Lei do Distrato* (Brasil, 2018), que surgiu diante da alta demanda de contratos imobiliários dos chamados *imóveis na planta* e que será um de nossos temas de estudo.

A abordagem central deste livro destina-se a oferecer ao leitor um panorama dos principais tópicos inerentes ao direito imobiliário, como a Lei do Inquilinato, os contratos imobiliários e temas que ganharam recente destaque e importância socioeconômica, como a incorporação.

apresentação

Apresentamos ao leitor uma aplicação prática do estudo por meio da verificação dos dispositivos legais aplicados a cada caso, bem como o posicionamento jurisprudencial dos tribunais e da doutrina.

No Capítulo 1, enfocamos a base do direito imobiliário, que é o estudo dos direitos reais e dos direitos das obrigações e as principais diferença entre ambos. Abordamos ainda os principais tipos de contrato na área imobiliária. Concluímos esse capítulo com uma explicação a respeito da aplicação e da relevância do direito registral imobiliário.

Já no Capítulo 2, abordamos o tema da propriedade, o direito real mais relevante. Seu estudo vai desde o conceito de propriedade, passando pelas formas de aquisição, até as possibilidades de perda e mitigação da propriedade. Ainda nesse capítulo, aprofundamo-nos em dois dos principais tipos de contrato imobiliário – compra e venda –, analisando a diferença entre compromisso e promessa de compra e venda, a possibilidade de registro dos contratos e sua evolução para escritura pública. Comentamos também as cláusulas especiais que um contrato de compra e venda pode ter, além da importância da *due diligence*.

No Capítulo 3, o objeto de estudo é o instituto da posse. Esse tema merece atenção especial, pois gera enorme reflexo social e impacto direto no cotidiano do operador do direito. Muito embora a posse não seja reconhecida pelo Código Civil como um direito real, sua relevância econômica faz com que esse tema continue a ser objeto de aperfeiçoamento tanto do legislador como do sistema judiciário brasileiro.

No Capítulo 4, tratamos da incorporação, tema que já tem lei específica desde 1960, mas que ganhou maior notoriedade nas últimas duas décadas com o desenvolvimento da construção civil no cenário nacional. Temas técnicos como patrimônio de afetação, Lei do Distrato e permuta por área construída são abordados nesse capítulo.

No Capítulo 5, o estudo é voltado para o tema do condomínio. Analisamos os tipos de condomínios, os deveres e as obrigações dos condôminos e até onde é permitido o livre uso da unidade autônoma pelo seu proprietário ou inquilino. Discutimos também o funcionamento do condomínio por meio da assembleia de condomínio e seu alcance.

No Capítulo 6, debruçamo-nos sobre a Lei da Alienação Fiduciária, que regula o mais comum meio de aquisição imobiliária em nossa sociedade, o financiamento. São analisados os aspectos da lei e seu caráter de execução extrajudicial até a consequência do leilão, com a consolidação e a perda do bem.

Finalizamos, no Capítulo 7, com a Lei do Inquilinato, que regulamenta as locações de imóveis urbanos, residenciais, comerciais e industriais. Apresentamos uma visão das principais cláusulas e condições contidas nesses contratos, bem como a relevância de documentos acessórios à locação, como o laudo de vistoria e as garantias locatícias.

Ao longo da leitura desta obra, você verá que o direito imobiliário não é uma área de estudo estagnada, e sim uma ciência que está em constante desenvolvimento, necessitando, assim, de atualizações e novas legislações para acompanhar as inovações que se apresentam em nossa sociedade.

Bom estudo!

I
Áreas de estudo do direito imobiliário

O direito imobiliário, como outras áreas do direito positivo, é uma ciência atrasada. Fazemos essa afirmação porque ele necessita da insurgência dos fatos sociais que clamem sua regulamentação.

A propriedade (bem) e os demais direitos decorrentes dela são um dos temas de maior relevância na cultura moderna, uma vez que suas relações jurídicas atingem a sociedade como um todo, abrangendo desde transações particulares, movimentações de capitais por instituições financeiras e regulamentações estatais até transformações sociais e transformações culturais ao redor de todo o mundo.

Assim, o direito imobiliário brasileiro regulamenta relações jurídicas oriundas das transações imobiliárias, registrais, da propriedade e da posse, com base no Código Civil – Lei n. 10.406, de 10 de janeiro de 2002 (Brasil, 2002) –, e em legislações específicas.

Muito embora a posse não conste no rol dos direitos reais no Código Civil de 2002, esse tema tem valor mercadológico e financeiro, sendo necessário o constante debate para sua evolução e devida apreciação.

Como exemplo dessas regulamentações, veremos a Lei n. 13.786, de 27 de dezembro de 2018, conhecida como *Lei do Distrato* (Brasil, 2018), a qual só passou a ser objeto de análise legislativa após a chamada "bolha das construtoras", ocorrida entre os anos de 2012 e 2017, em que construtoras perderam mais de 70% de seu valor de mercado, diante do cenário em que se acumularam centenas de unidades autônomas em seus estoques, gerando inadimplência na entrega dos empreendimentos e uma especulação desenfreada no mercado que culminou com diversos pedidos de recuperação judicial (RJ), muitas ainda em andamento.

Em outras palavras, foi preciso suceder uma crise sem precedentes no mercado imobiliário brasileiro para que o legislador voltasse sua atenção para a necessidade de regular o mercado de imóveis na planta e, por consequência, seus distratos. Desse exemplo decorre nossa ótica sobre a ciência tardia que envolve o direito imobiliário.

Outros temas não tão contemporâneos, como a incorporação, originalmente regulamentada pela Lei n. 4.591, de 21 de dezembro de 1964 (Brasil, 1964), vêm sendo objeto de atualizações que acompanham o avanço das relações jurídicas interpessoais no segmento imobiliário. Entre essas relações, podemos destacar a constituição de sociedades com propósito específico (SPE) ou de sociedades de investidores imobiliários (SCP) e o patrimônio de afetação, que veio para dar maior segurança aos adquirentes de imóvel na planta, entre outros temas.

Considerando-se que o imóvel, na condição de propriedade (ou posse), é um desejo de todo cidadão, de qualquer nacionalidade, é necessária a continuidade nos estudos e na legislação com aprofundamento no ocorrido nas últimas duas décadas a respeito do tema – o direito imobiliário e seus desdobramentos.

Neste estudo, vamos analisar alguns dos principais tópicos que fazem parte do chamado *direito imobiliário*.

1.1 Direitos reais

O direito real é a base do direito imobiliário. Em uma definição conceitual, podemos dizer que os direitos reais são um conjunto de normas essencialmente obrigatórias que buscam regular os direitos que uma pessoa tem sobre bens tangíveis, sejam eles móveis, sejam eles imóveis, e com valor econômico. Os direitos reais, por vezes denominados *direito das coisas*, estão definidos em um rol taxativo do Código Civil, em seu art. 1.225:

> Art. 1.225. São direitos reais:
>
> I – a propriedade;
> II – a superfície;
> III – as servidões;
> IV – o usufruto;
> V – o uso;
> VI – a habitação;
> VII – o direito do promitente comprador do imóvel;
> VIII – o penhor;
> IX – a hipoteca;
> X – a anticrese;
> XI – a concessão de uso especial para fins de moradia; (Incluído pela Lei n. 11.481, de 2007);
> XII – a concessão de direito real de uso; e (Redação dada pela Lei n. 14.620, de 2023);
> XIII – a laje; (Redação dada pela Lei n. 14.620, de 2023)
> XIV – os direitos oriundos da imissão provisória na posse, quando concedida à União, aos Estados, ao Distrito Federal, aos Municípios ou às suas entidades delegadas

e a respectiva cessão e promessa de cessão. (Incluído pela Lei n. 14.620, de 2023) (Brasil, 2002)

Os direitos reais citados nos incisos XI, XII e XIII foram acrescidos ao rol do art. 1.225 após a edição do Código Civil de 2002, conforme indicado entre os parênteses na citação. Já o inciso XIV trata da imissão de posse ou da cessão de direitos reais em favor da União e dos demais entes públicos descritos.

Passemos a uma análise conceitual dos direitos reais previstos no art. 1.225 e seus incisos.

A propriedade é o mais absoluto dos direitos reais, visto que, em sua definição, o art. 1.228 do Código Civil estabelece o direito do detentor de "usar, gozar e dispor da coisa, e o direito de reavê-la do poder de quem quer que injustamente a possua ou detenha" (Brasil, 2002).

A superfície é o direito de construir ou plantar na propriedade (imóvel/terreno) alheia, possibilitando a distinção entre a propriedade do proprietário da coisa e o proprietário daquilo sob a superfície. Como exemplo do direito de superfície, suponhamos que um herdeiro de terras produtivas não tenha experiência com cultivo de grãos; assim, mediante contrato oneroso ou gratuito, cede a terceiros, chamados de *superficiários*, para a utilização da superfície dessas terras.

Uma das diferenças entre o direito de superfície e um contrato de locação é que, em caso de retomada pela via judicial, o proprietário deverá valer-se de uma ação possessória, não de despejo.

É um direito real sobre um imóvel alheio que impõe um encargo (ônus) ao prédio serviente em relação ao prédio dominante. Outro exemplo são as servidões de passagem reservadas às concessionárias públicas que oferecem serviços essenciais à população.

Por seu turno, o usufruto é a utilização da propriedade pelo usufrutuário de forma parcial, mediante o uso, a posse, o recebimento dos frutos e a administração, sem, contudo, poder dispor dela.

O uso é a utilização da coisa alheia conforme o fim a que se destina. A habitação é o direito de residir em imóvel alheio. Já o direito do promitente comprador é aquele decorrente da assinatura da promessa de compra e venda de bem imóvel, em que o promitente vendedor se obriga a entregar o objeto da transação mediante a realização do pagamento a ser feito pelo promitente comprador.

O penhor, por sua vez, é a entrega da coisa como forma de garantir uma obrigação assumida por seu proprietário. A hipoteca é resultante da entrega da coisa, sem perder sua posse, de modo a garantir um empréstimo pecuniário. A anticrese é a entrega da coisa pelo proprietário/devedor como forma de assegurar um pagamento à parte credora.

A concessão de uso especial para fins de moradia é a utilização do bem com a finalidade de moradia. A concessão de direito real de uso é aquela em que o ente público cede o uso de área pública ao particular, de forma onerosa ou gratuita, para fins de urbanização.

A laje, ou o direito de laje, tem sua definição contida no art. 1.510-A do Código Civil:

> Art. 1.510-A. O proprietário de uma construção-base poderá ceder a superfície superior ou inferior de sua construção a fim de que o titular da laje mantenha unidade distinta daquela originalmente construída sobre o solo.
>
> § 1º O direito real de laje contempla o espaço aéreo ou o subsolo de terrenos públicos ou privados, tomados em projeção vertical, como unidade imobiliária autônoma,

não contemplando as demais áreas edificadas ou não pertencentes ao proprietário da construção-base.

§ 2º O titular do direito real de laje responderá pelos encargos e tributos que incidirem sobre a sua unidade.

§ 3º Os titulares da laje, unidade imobiliária autônoma constituída em matrícula própria, poderão dela usar, gozar e dispor.

§ 4º A instituição do direito real de laje não implica a atribuição de fração ideal de terreno ao titular da laje ou a participação proporcional em áreas já edificadas.

§ 5º Os Municípios e o Distrito Federal poderão dispor sobre posturas edilícias e urbanísticas associadas ao direito real de laje.

§ 6º O titular da laje poderá ceder a superfície de sua construção para a instituição de um sucessivo direito real de laje, desde que haja autorização expressa dos titulares da construção-base e das demais lajes, respeitadas as posturas edilícias e urbanísticas vigentes. (Brasil, 2002)

Detalhados os direitos reais contidos no art. 1.225 do Código Civil, vejamos algumas considerações importantes sobre o tema.

Entre as características dos direitos reais, encontramos em muitas doutrinas a informação de que a aplicação desses direitos é válida perante a sociedade como um todo pelo princípio *erga omnes*, tornando-se, portanto, absolutos, sem necessidade da mediação de terceiros.

Não podemos, entretanto, concordar com uma ótica exclusivamente voltada aos direitos reais sem considerar a variedade de situações decorrentes dos demais direitos civis ou fundamentais. Isso porque, dependendo da situação, poderá haver conflito entre os direitos reais, os fundamentais e os pessoais.

Imaginemos, por exemplo, uma sociedade ribeirinha que necessita de uma estrada para chegar ao seu vilarejo que, para ser construída, passará por dentro de uma propriedade particular. De um lado, temos um sujeito que, por força do art. 5º, inciso XXIII, da Constituição Federal (Brasil, 1988a), tem o direito de fundamental da propriedade e, logo, pode usar, gozar e defender sua propriedade. De outro lado, temos o direito de uma sociedade que necessita daquela estrada para seu desenvolvimento e melhor qualidade de vida.

Estamos diante de um caso de conflito dos direitos fundamentais, resultando na desapropriação (e indenização) das terras para que o Estado possa atender ao maior interesse social?

Como podemos ver, é preciso considerar informações do contexto macro para fazer a análise do caso e da legislação aplicável em conjunto com o conceito do direito de propriedade e sua oposição absoluta *erga omnes*. Portanto, o maior interesse social se sobrepõe aos interesses individuais.

O direito real sempre versará sobre a coisa (móvel ou imóvel), nunca sobre a pessoa (sujeito), muito embora seja o sujeito, pessoa física ou jurídica, quem detém o direito real. Essa é a primeira diferença entre o direito pessoal e o direito real.

Entre os direitos reais, devemos destacar a propriedade, que é o direito do qual decorrem os demais. Sua definição está preconizada no art. 1.228 do Código Civil: "O proprietário tem a faculdade de usar, gozar e dispor da coisa, e o direito de reavê-la do poder de quem quer que injustamente a possua ou detenha." (Brasil, 2002).

Segundo Clóvis Beviláqua, citado por Farias e Rosenvald (2011, p. 7), os direitos reais podem ser conceituados na forma de uma relação jurídica resultante entre sujeitos: "o complexo das normas reguladoras das relações jurídicas referentes às coisas suscetíveis de apropriação pelo homem".

Para o operador do direito, é importante saber que existem duas grandes correntes doutrinárias a definir os direitos reais: a teoria realista e a teoria personalista.

Na **teoria realista**, os direitos reais são o poder direto exercido por uma pessoa, com efeito *erga omnes*. Já o direito pessoal opõe-se apenas a uma pessoa de quem se exija determinado comportamento (contratual).

Ainda sobre a teoria realista, Orlando Gomes (2001, p. 349) leciona que

> o retorno à doutrina clássica está ocorrendo à luz de novos esclarecimentos provindos da análise mais aprofundada da estrutura dos direitos reais. Os partidários dessa doutrina preocupavam-se apenas com as manifestações externas desses direitos, particularmente com as consequências da oponibilidade *erga omnes*, objetivadas pela sequela. Voltam-se os autores modernos para a estrutura interna do direito real, salientando que o poder de utilização da coisa, sem intermediário, é o que caracteriza os direitos reais.

Na **teoria personalista** do jurista alemão Bernhard Windscheid (1817-1892), os direitos reais são considerados relações jurídicas entre indivíduos, da mesma forma que nos direitos pessoais, mas há uma diferença quanto ao sujeito da relação jurídica:

» nos direitos pessoais, o devedor sempre será uma pessoa específica;
» nos direitos reais, o sujeito passivo seria indeterminado, resultando em uma suposta obrigação passiva universal.

Os direitos reais são divididos em duas classificações:

1. **Direito sobre a coisa:** direito de propriedade, em que o sujeito tem cumulativamente o domínio e o poder sobre a coisa.

2. **Direito sobre a coisa alheia:** direitos decorrentes de garantia sobre coisa, como o direito do promitente comprador, o penhor, a hipoteca ou alienação fiduciária, o uso, o usufruto, a anticrese, a servidão e a habitação.

Todos os direitos reais decorrem de lei e não podem surgir ou ser decorrentes meramente da vontade do sujeito (pessoa). Contudo, existem posicionamentos doutrinários, como o de Maria Helena Diniz (2022), que defendem a posse (não constante do rol do art. 1.225 do Código Civil de 2002) como um direito real, uma vez que o exercício da posse, na condição de acessório, segue o principal, que é a propriedade e o direito de uso:

> O Código Civil brasileiro [...] não chega a conceituar diretamente a posse, mas, pela definição que dá ao possuidor no seu art. 1.196, vê-se que "a posse" é o exercício, pleno ou não, de fato dos poderes constitutivos do domínio ou somente de alguns deles, como no caso dos direitos reais sobre coisas alheias, hipótese em que recebe a denominação "quase posse". Logo, tradicionalmente, a posse propriamente dita só se refere à propriedade, sendo a "quase posse" o exercício de outros direitos reais, desmembramentos do domínio, que deste se destacam e param em outras mãos, como as servidões, o usufruto etc. (Diniz, 2022, p. 176)

Como comparativo conceitual acerca dos direitos reais de outros países, vejamos o art. 202 do Código Civil português, de 1966:

> 1. Diz-se coisa tudo aquilo que pode ser objecto de relações jurídicas. 2. Consideram-se, porém, fora do

comércio todas as coisas que não podem ser objeto de direitos privados, tais como as que se encontram no domínio público e as que são, por sua natureza, insusceptíveis de apropriação individual. (Portugal, 1966)

Como observamos, para o direito português, tudo o que puder ser objeto de uma relação jurídica poderá ser considerado direito real, excluindo-se as coisas de domínio público e sem possibilidade de apropriação individual.

1.1.1 Características dos direitos reais

Para professora Maria Helena Diniz (2020, p. 37), as principais características dos direitos reais são:

a) Oponibilidade *erga omnes*;

b) Existência de um direito de sequela;

c) Previsão de um direito de preferência a favor do titular do direito real;

d) Possibilidade de renúncia dos direitos reais;

e) Viabilidade de incorporação da coisa por meio da posse;

f) Previsão da usucapião como um dos meios de sua aquisição;

g) Suposta obediência a um rol taxativo de institutos, previstos em lei (Princípio da tipicidade dos direitos reais);

h) Regência pelo princípio da publicidade dos atos, o que se dá pela entrega da coisa ou tradição (bens móveis) ou pelo registro (bens imóveis).

Passaremos a conceituar cada uma dessas características.

A oponibilidade *erga omnes* é o direito de propriedade, oposto contra qualquer pessoa da sociedade que viole o caráter absoluto ou o domínio do bem.

O direito de sequela é a possibilidade de o credor perseguir o bem que lhe foi dado em garantia, independentemente de não se encontrar mais na posse do devedor originário. Para ilustramos esse conceito, imaginemos que Pedro ofereceu um imóvel em garantia de uma obrigação contraída com Paulo. Após a inadimplência de Pedro, Paulo busca executar a garantia e receber o imóvel em questão, porém, nessa oportunidade, descobre que o imóvel foi vendido para Joaquim. O direito de sequela garante a Paulo a possibilidade de receber o bem imóvel em questão, mesmo após a venda a Joaquim.

O direito de preferência, previsto no art. 961 do Código Civil, confere ao titular do direito real de garantia o privilégio de satisfazer seu crédito prioritariamente, em detrimento do titular de um crédito de natureza real pessoal. Imaginemos que o credor Mauro empresta dinheiro para Márcia. Diante do empréstimo, Mauro grava na matrícula do imóvel de Márcia uma hipoteca. Em caso de futuras penhoras ou outros tipos de constrições que venham a recair sobre esse imóvel, é assegurada ao titular do direito real – Mauro –, que gravou a hipoteca como primeira alienação, a prioridade no recebimento de seu crédito mediante a execução da hipoteca.

A renúncia aos direitos reais é um ato voluntário em que o sujeito detentor de um direito dispõe dele, resultando em sua extinção. O instituto da renúncia, muito embora seja pouco conhecido, é de extrema valia para pessoas que intentam se desfazer de imóvel em que não tenham interesse, porque, com a renúncia dos direitos sobre determinado bem imóvel, cessam as cobranças de impostos e tributos.

Com relação à incorporação da coisa por meio da posse, o art. 1.267 do Código Civil estabelece que a transmissão da coisa (bem) só ocorre com a tradição, ou seja, por meio da efetiva transferência no cartório de registro de imóveis. Já a posse é uma exceção a esses dispositivos, visto que é possível ao sujeito incorporar parte da coisa por meio da posse mansa e pacífica.

A usucapião, como um dos meios de aquisição, é uma das ações possessórias admitidas em direito como meio de reivindicar a posse e convertê-la em propriedade.

Quando Diniz (2020) se refere à obediência a um rol taxativo de institutos, remete à legalidade do direito real invocado, porque os direitos reais decorrem de lei, e não da vontade do sujeito. Fazemos um ressalva ao posicionamento parcial da doutrina quanto à posse, já que ela não consta do rol taxativo de direitos reais, sendo, contudo, apresentada como acessória e decorrente da propriedade.

O princípio da publicidade dos atos diz respeito à aplicação dos arts. 1.226 e 1.227 do Código Civil, uma vez que condicionam a transmissão do bem à sua tradição e a aquisição ou transmissão ao registro no cartório de registro de imóveis (coisas imóveis).

Esse princípio recebeu destaque com a promulgação da Lei n. 14.825, de 20 de março de 2024 (Brasil, 2024), que inseriu o inciso V no art. 54 da Lei n. 13.097, de 19 de janeiro de 2015 (Brasil, 2015a), que traz em sua essência a oposição de credores em face do adquirente de boa-fé quando não houver gravame/penhora averbados na matrícula do imóvel. Em outras palavras, sem que haja a publicidade do débito (mediante o registro), não é possível ao credor arguir vício, nulidade ou impedimento na aquisição pelo terceiro de boa-fé.

A inclusão desse dispositivo legal de forma expressa chega para encerrar um dilema jurisprudencial com relação à necessidade ou não de o credor gravar seu crédito na matrícula, sob pena de ser impedido de arguir nulidade. Vejamos a redação atribuída ao art. 54, inciso V, da referida lei:

> Art. 54. Os negócios jurídicos que tenham por fim constituir, transferir ou modificar **direitos reais sobre imóveis são eficazes em relação a atos jurídicos precedentes**, nas hipóteses em que não tenham sido registradas ou averbadas na matrícula do imóvel as seguintes informações:
>
> [...]
>
> V – averbação, mediante decisão judicial, de qualquer tipo de constrição judicial incidente sobre o imóvel ou sobre o patrimônio do titular do imóvel, inclusive a proveniente de ação de improbidade administrativa ou a oriunda de hipoteca judiciária. (Brasil, 2015a, grifo nosso)

O efeito *erga omnes* e a oposição a terceiros sobre aquisição de direitos reais (imóveis) passaram a ser absolutos quando não houver a publicidade da constrição, seja ela de arresto, penhora, indisponibilidade ou bloqueio do imóvel, devidamente averbado na matrícula do imóvel, o que representa maior segurança jurídica e um avanço nas relações particulares que envolvam direitos reais.

Essas são as principais características dos direitos reais e suas aplicações.

1.2 Direito das obrigações

Também chamado de *direito pessoal*, o direito das obrigações abrange os vínculos jurídicos entre sujeito ativo e sujeito passivo, quando houver uma prestação obrigacional entre as partes. São direitos incorpóreos e transitórios, isto é, extinguem-se mediante o cumprimento da obrigação/prestação avençada.

Em geral, as obrigações são as de dar, de fazer e de não fazer. Nosso estudo será voltado às obrigações decorrentes de questões ou contratos imobiliários.

Sílvio de Salvo Venosa (2004, p. 29) destaca a importância do direito das obrigações:

> A importância das obrigações revela-se por ser projeção de autonomia privada do Direito. Ao contrário dos direitos reais, as relações obrigacionais são infinitas. Estão presentes desde a atividade mais simples até a atividade mais complexa da sociedade. São reguladas pelo direito obrigacional tanto a mais comezinha compra e venda, quanto a mais complexa negociação.

Em sentido estrito, obrigação remete a um dever, ao cumprimento de um dever jurídico assumido pelas partes envolvidas naquela relação.

No direito obrigacional, há uma imediata definição de quem são as partes (sujeito ativo e sujeito passivo) e de qual é a prestação a ser realizada ou entregue.

Como um exemplo decorrente de uma relação obrigacional, pensemos no seguinte caso hipotético: João contrata Fernando para edificação de um muro de cinco metros mediante o pagamento de dois mil reais. Quem são os sujeitos e quais as obrigações?

O sujeito ativo é João, que contratou uma obrigação específica. O sujeito passivo é Fernando, contratado e assumido na obrigação específica. A prestação/obrigação é edificar (obrigação de fazer) um muro de cinco metros.

Decorrente desse cenário, há também a contraprestação, a qual, nesse caso, é o pagamento a ser recebido por Tício, quando da satisfação da obrigação.

Os direitos obrigacionais são decorrentes da manifestação de vontade de seus sujeitos, que pode ocorrer por meio de contrato verbal ou escrito ou de ato unilateral. Podem ser decorrentes, ainda, de ato ilícito, quando as obrigações são protegidas por mecanismos da responsabilidade civil.

Um contraponto das obrigações em relação ao direito real é que o direito obrigacional não é taxativo, mas exemplificativo. Ele resulta da vontade das partes, encontrando limite e impedimento apenas na contratação que tenha como objeto obrigação ilícita.

O art. 421 do Código Civil trata da liberdade contratual e da função do contrato:

> Art. 421. A liberdade contratual será exercida nos limites da função social do contrato.
>
> Parágrafo único. Nas relações contratuais privadas, prevalecerão o princípio da intervenção mínima e a excepcionalidade da revisão contratual. (Brasil, 2002)

No direito obrigacional, o responsável por adimplir a obrigação (sujeito passivo/devedor), quando não a exerce, a executa ou a entrega, pode ser acionado judicialmente, ocasião em que deve concluir a obrigação ou responder com seu patrimônio.

Passaremos a analisar os tipos de obrigações e suas características.

1.2.1 Tipos de obrigações

Consideram-se os seguintes tipos de obrigações: obrigação de dar coisa certa; obrigação de restituir; obrigação de dar coisa incerta; obrigação de fazer; obrigação de não fazer; obrigação *propter rem*.

A **obrigação de dar coisa certa** decorre de uma coisa ou de prestação específica. Seu adimplemento ocorrerá quando da entrega da coisa ou da prestação específica.

Um exemplo de obrigação de dar coisa certa são os contratos de empreitada ou construção de imóvel, em que a parte contratada se compromete, mediante uma contraprestação financeira, a construir/edificar imóvel conforme as condições contidas em memorial e projeto arquitetônico apresentado pelo contratante. Nesse caso, o inadimplemento seria a não entrega da edificação na data aprazada ou, ainda, sua entrega de forma distinta daquela contratada. Já os acessórios dessa obrigação são as partes integrantes do arquitetônico, como uma especificação de acabamento na edificação.

O inadimplemento do sujeito passivo, ou devedor da obrigação, ocorre quando houver o simples atraso na entrega da coisa ou da prestação específica ou, ainda, a entrega de coisa ou prestação distinta.

A obrigação de dar coisa certa é acompanhada de seus acessórios, que são qualquer fruto, benfeitoria, produto ou pertences, estando sempre sujeitos à obrigação principal, exceto se houve convenção em sentido contrário pelas partes contratantes ou das circunstâncias do caso.

Esse entendimento é decorrente da imposição do art. 233 do Código Civil: "A obrigação de dar coisa certa abrange os acessórios dela embora não mencionados, salvo se o contrário resultar do título ou das circunstâncias do caso" (Brasil, 2002).

Como a obrigação de dar coisa certa consiste na entrega de uma prestação específica, caso haja **a perda dessa prestação antes de seu cumprimento**, o culpado pela perda arcará com as consequências decorrentes da lei, na forma do art. 234 do Código Civil: "Se, no caso do artigo antecedente, a coisa se perder, sem culpa do devedor, antes da tradição, ou pendente a condição suspensiva, fica resolvida a obrigação para ambas as partes; se a perda resultar de culpa do devedor, responderá este pelo equivalente mais perdas e danos" (Brasil, 2002).

Assim, se houver a perda ou a deterioração da obrigação, sem culpa do devedor, a obrigação estará resolvida. Se houver a perda por culpa da parte devedora, esta deverá responder pela prestação equivalente perdida, além de perdas e danos a serem pleiteados pelo credor.

Os arts. 235 e 236 do Código Civil trazem a possibilidade e a consequência da deterioração da coisa quando há obrigação de entregar a coisa certa. Vejamos:

> Art. 235. Deteriorada a coisa, não sendo o devedor culpado, poderá o credor resolver a obrigação, ou aceitar a coisa, abatido de seu preço ou valor que perdeu.
>
> Art. 236. Sendo culpado o devedor, poderá o credor exigir o equivalente, ou aceitar a coisa no estado em que se acha, com direito a reclamar, em um ou outro caso, indenização das perdas e danos. (Brasil, 2002)

Como vimos, não havendo culpa do devedor na deterioração da coisa, é facultativo ao credor aceitar e extinguir a obrigação ou aceitá-la com um abatimento em seu preço ou valor.

Caso a coisa seja deteriorada por culpa do devedor, o credor poderá exigir outra obrigação ou valor equivalente ou, ainda, aceitar a coisa deteriorada. Contudo, em ambos os cenários, é permitido ao credor exigir do devedor indenização por perdas e danos.

A **obrigação de restituir**, por sua vez, é decorrente da extinção ou da resolução de uma prestação ou de um contrato. Seu resultado é a devolução da coisa ou do bem. Citamos como exemplo a desocupação de um imóvel cedido pelo comodante ao comodatário após a expiração do prazo contratual ou sua retomada.

Destacamos que, na obrigação de restituir, há uma obrigação acessória de devolução da coisa na mesma forma em que foi entregue, sob pena de perdas e danos.

No que tange ao direito imobiliário, podem figurar como partes da obrigação de restituir o locatário, o mandatário, o comodatário e o mutuário.

Diferentemente do que ocorre na obrigação da coisa certa e específica, na **obrigação de dar coisa incerta**, a prestação pode ser indicada apenas pelo gênero e pela quantidade. Essa imposição decorre do art. 243 do Código Civil: "A coisa incerta será indicada, ao menos, pelo gênero e pela quantidade" (Brasil, 2002).

Observemos que o dispositivo de lei determina a presença de, pelo menos, dois indicativos (gênero e quantidade), podendo ainda haver a indicação de outros fatores, como estado de conservação/entrega da coisa, além de outras características próprias, a depender da obrigação.

Já o art. 244 do Código Civil dispõe sobre a imposição ao devedor de entrega da coisa de "qualidade média", isso porque o dispositivo lhe veda a entrega da coisa pior, sem, contudo, obrigá-lo a dar a coisa melhor: "Nas coisas determinadas pelo gênero e pela quantidade, a escolha pertence ao devedor, se o contrário não resultar do título da obrigação; mas não poderá dar a coisa pior, nem será obrigado a prestar a melhor" (Brasil, 2002).

Em outras palavras, havendo descrição da obrigação apenas pelo gênero e pela quantidade, é preciso que as partes tenham ciência de que a obrigação será cumprida dentro de um senso comum mediano; assim, o credor não poderá exigir a entrega da melhor qualidade, e o devedor não poderá entregar a pior forma da coisa.

A **obrigação de fazer** pode ter caráter personalíssimo – *intuitu personae* – quando infungível, ou seja, poderá ser cumprida exclusivamente por seu devedor, o qual não poderá ser substituído ou representado.

Um exemplo de obrigação *intuitu personae* infungível é a contratação de um famoso arquiteto para entregar um projeto arquitetônico de uma casa de campo. Observemos que a obrigação não é meramente a entrega de um projeto arquitetônico, mas que seja entregue por aquele famoso arquiteto, aplicando sua técnica, assinatura profissional e precisão da execução do trabalho contratado; portanto esse arquiteto não pode ser substituído nessa obrigação que tem o caráter personalíssimo.

Compreendido que essa obrigação não suporta substituição, em caso de inadimplência do devedor, a solução está descrita no art. 247 do Código Civil: "Incorre na obrigação de indenizar perdas e danos o devedor que recusar a prestação a ele só imposta, ou só por ele exequível" (Brasil, 2002).

Em outras palavras, quando do não cumprimento de uma obrigação personalíssima, esta deverá ser convertida em perdas e danos.

Já na obrigação de fazer fungível, é facultativo ao devedor da obrigação fazer-se substituir por terceiros, desde que a obrigação seja cumprida na forma em que foi contratada, uma vez que o principal objeto é a obrigação, não a pessoa a executá-la.

Em caso de não cumprimento da obrigação fungível, o Código Civil, em seu art. 249, permite ainda ao credor indicar terceiro para a execução da obrigação, que deverá ser custeada pela parte devedora, como vemos no texto legal: "Se o fato puder ser executado por terceiro, será livre ao credor mandá-lo executar à custa do devedor, havendo recusa ou mora deste, sem prejuízo da indenização cabível" (Brasil, 2002).

Na parte final do texto, o dispositivo confere ao credor a possibilidade de pleitear indenização ao devedor em caso de recusa ou de atraso de seu aceite quanto à substituição para a execução da obrigação por terceiro.

A **obrigação de não fazer** é uma obrigação negativa, decorrente da não realização de determinado ato ilícito ou avençado entre as partes. Como ilustração, citamos estes exemplos: uma pessoa que se obriga a não instalar uma janela voltada para o terreno de seu vizinho; um ex-colaborador de uma empresa que se obriga a não dispor de informações técnicas e sigilosas para um concorrente; um locatário que se obriga a não dispor de seu imóvel por meio de sublocação.

Sua extinção ou satisfação ocorre pela não realização do ato, conforme disposto no art. 250 do Código Civil: "Extingue-se a obrigação de não fazer, desde que, sem culpa do devedor, se lhe torne impossível abster-se do ato, que se obrigou a não praticar" (Brasil, 2002).

Havendo insurgência do devedor quanto a não fazer a obrigação pretendida, é permitido ao credor requerer judicialmente seu desfazimento, cumulando ao pedido perdas e danos. Essa imposição é decorrente da inteligência do art. 251 do Código Civil:

Art. 251. Praticado pelo devedor o ato, a cuja abstenção se obriga, o credor pode exigir dele que o desfaça, sob pena de se desfazer à sua custa, ressarcindo o culpado em perdas e danos.

Parágrafo único. Em caso de urgência, poderá o credor desfazer ou mandar desfazer, independentemente de autorização judicial, sem prejuízo do ressarcimento devido. (Brasil, 2002)

O texto do parágrafo único indica a possibilidade de autotutela ao credor, que poderá, em caso de urgência, desfazer a obrigação ou o ato, independentemente de ordem judicial. Essa possibilidade foi uma inovação apresentada pelo Código Civil de 2002.

Todavia, é importante frisar que eventuais excessos cometidos pelo credor na utilização do parágrafo único do art. 251 poderão ser objeto de reparação por meio de ação de perdas e danos.

Muito embora as obrigações remetam aos seus agentes – pessoas –, a **obrigação propter rem**, expressão latina que significa "por causa da coisa", é uma obrigação de direito real e tem a coisa, ou o bem, como ator principal da obrigação. Desse modo, o titular desse direito real responderá pela obrigação na condição de proprietário, uma vez que a obrigação sempre recairá sobre a coisa.

Dois exemplos simplificativos de obrigação *propter rem* são os débitos de Imposto Predial e Territorial Urbano (IPTU) e de condomínio. Vamos imaginar uma situação para ambos os casos: ainda que os débitos de determinado imóvel tenham sido contraídos por seu então proprietário João, quando da realização da compra e venda em favor de Pedro, este último passará a ser o novo devedor.

Como disposto no art. 1.345 do Código Civil, "o adquirente de unidade responde pelos débitos do alienante, em relação ao condomínio, inclusive multas e juros moratórios" (Brasil, 2002). Esse efeito ocorre porque, na obrigação *propter rem*, a obrigação segue a coisa, não a pessoa.

A obrigação *propter rem* permite ainda a averbação do débito na matrícula do imóvel de sua fonte geradora; afinal, é obrigação que recai sobre o bem, e não sobre o titular da obrigação.

1.3 Contratos imobiliários

Segundo Flávio Tartuce (2014, p. 18), "o conceito de contrato, conforme aponta a doutrina unânime, é tão antigo como o próprio ser humano, pois nasceu assim que as pessoas passaram a se relacionar e a viver em sociedade".

Derivada do latim *contractus*, a palavra *contrato* significa "unir", "contrair" ou "acordar".

Em termos gerais e atuais, os contratos são regidos pelos seguintes princípios: autonomia de vontade, consensualismo, efeitos do contrato, força obrigacional do contrato (*pacta sunt servanda*), boa-fé contratual, revisão do contrato em caso de onerosidade excessiva e supremacia da ordem pública. Todos esses princípios estão descritos no Código Civil de 2002.

Podemos definir o contrato imobiliário como a forma de adquirir, modificar ou extinguir direitos ou obrigações sobre um bem imóvel, de forma voluntária entre duas ou mais partes, de maneira onerosa ou não.

A seguir, abordaremos os principais, mas não exauridos, tipos de contratos imobiliários, de acordo com as características de cada transação.

1.3.1 Compra e venda

O contrato de compra e venda é aquele em que o promitente vendedor declara ser o legítimo proprietário de um bem do qual dispõe e se compromete, sob as condições avençadas no instrumento, a formalizar a transferência (por escritura definitiva) desse bem ao promitente comprador.

Para a professora Maria Helena Diniz (2002, p. 528-529), é o "contrato pelo qual o compromitente-vendedor obriga-se a vender ao compromissário-comprador determinado imóvel, pelo preço, condições e modos avençados, outorgando-lhe a escritura definitiva assim que ocorrer o adimplemento da obrigação".

Notemos que o aperfeiçoamento do documento particular de compra e venda só ocorre quando da realização da escritura pública definitiva, a qual, posteriormente, deverá ser gravada no registro de imóveis.

Ressaltamos que a venda de imóveis no valor de até 30 salários mínimos pode ser feita unicamente por documento particular, conforme o art. 108 do Código Civil. Entretanto, nosso enfoque é analisar o documento particular de compra e venda como parte da operação a ser aperfeiçoada pela escritura pública de compra e venda.

Assim, quanto ao aspecto do documento particular de compra e venda, antes de seu aperfeiçoamento pela escritura pública definitiva, há a possibilidade de formalização de dois tipos de documentos: promessa de compra e venda e compromisso de compra e venda.

Em que pese ambos os documentos serem instrumento preliminar ao aperfeiçoamento do objeto (compra e venda), há uma significativa distinção entre eles.

Quando é confeccionada uma **promessa de compra e venda**, as partes contratantes não modificam a estrutura jurídica do bem negociado, ou seja, seu objetivo é a criação de uma obrigação futura e condicionada ao integral cumprimento das cláusulas e condições ali avençadas.

Enquanto a promessa de compra e venda assegura um direito pessoal (obrigação entre as partes contratantes), o **compromisso de compra e venda** visa assegurar um direito real (a recair sobre a coisa).

Na promessa de compra e venda, as partes podem desistir unilateralmente do negócio, observadas ressalvas quanto à disposição dos arts. 417 a 420 do Código Civil (sinal de negócio ou arras). No compromisso de compra e venda, por sua vez, o acordo é feito obrigatoriamente com cláusula de irretratabilidade e de irrevogabilidade, de forma a impedir resilição unilateral do contrato.

A principal e mais importante distinção entre os dois contratos é que um constitui um direito pessoal e o outro, um direito real. Essa imposição está descrita no art. 1.417 do Código Civil:

> Art. 1.417. Mediante promessa de compra e venda, em que se não pactuou arrependimento, celebrada por instrumento público ou particular, e registrada no Cartório de Registro de Imóveis, adquire o promitente comprador direito real à aquisição do imóvel. (Brasil, 2002)

Como se observa, o documento particular com previsão ou possibilidade de arrependimento das partes – a promessa de compra e venda – não pode ser levado ao registro na matrícula do imóvel pela ausência de preenchimentos dos requisitos legais, constituindo, assim, um direito pessoal *inter partes*.

Já o compromisso de compra e venda, em que haja cláusula de irretratabilidade e irrevogabilidade, pode ter gravado na matrícula o direito real do promitente comprador. Desse ato decorrem os efeitos da publicidade e *erga omnes*, vistos anteriormente.

1.3.2 Permuta

A essência do contrato de permuta imobiliário consiste na troca de um bem imóvel por outro (ou outros) bem imóvel. São contratos onerosos, bilaterais e comutativos, pois criam obrigações para ambas as partes contratantes.

Não obstante a essência da troca dos bens em si, é possível que haja parte do pagamento em dinheiro ou alguma outra contraprestação. Para esses casos, há de se observar se a maior parte correspondente ao negócio é oriunda da troca ou do pagamento.

Sobre o tema, vejamos o entendimento do eminente jurista Arnoldo Wald (2009, p. 18):

> Algumas vezes, uma operação pode envolver uma troca e uma compra e venda. Uma pessoa, por exemplo, proprietária de um imóvel, quer transferir o seu direito de propriedade, recebendo um automóvel e determinada quantia em dinheiro. Teremos assim um negócio com traços de compra e venda e de troca. O enquadramento será feito atendendo-se ao caráter principal de uma das duas operações. Se a parte principal do negócio for o pagamento em dinheiro, estará sujeito às normas referentes à compra e venda. Se, ao contrário, a troca representar a parte mais expressiva do negócio, aplicáveis ao caso serão as normas a ela atinentes.

O *caput* do art. 533 do Código Civil traz a imposição quanto à aplicação do regramento da compra e venda para operações de permuta:

> Art. 533. Aplicam-se à troca as disposições referentes à compra e venda, com as seguintes modificações:

I – salvo disposição em contrário, cada um dos contratantes pagará por metade as despesas com o instrumento da troca;

II – é anulável a troca de valores desiguais entre ascendentes e descendentes, sem consentimento dos outros descendentes e do cônjuge do alienante. (Brasil, 2002)

O inciso I apresenta a primeira ressalva aplicada à permuta em comparação à compra e venda, sugerindo que cada um dos contratantes seja responsável pelo pagamento das despesas de troca. Essas despesas decorrem do registro da escritura de permuta e da obrigatoriedade de pagamento do Imposto sobre Transmissão de Bens Imóveis *Inter Vivos* (ITBI).

Diferentemente do que ocorre na compra e venda, em que o ITBI da transação recai usualmente (salvo disposição em contrário) sobre a parte adquirente, nos casos de permuta por imóvel, a incidência de ITBI ocorre em desfavor de ambas as partes, quando cada um dos permutantes arca com o imposto de transferência do imóvel que está recebendo na transação.

■ 1.3.2.1 Permuta por área construída

No Capítulo 6, abordaremos mais detalhes sobre o tema da incorporação e sua direta correlação com a permuta por área construída, já que é uma das principais formas de aquisição de propriedade utilizadas por construtoras e incorporadoras.

O contrato de permuta por área construída tem como objeto a entrega de um imóvel do primeiro permutante onde o segundo permutante edificará "x" metros de área construída. Quando a obra for concluída, o primeiro permutante receberá, como forma de pagamento, uma quantidade predeterminada de área edificada e averbada naquele que outrora foi seu imóvel ou terreno.

Esse é um contrato com diversas peculiaridades e exige atenção especial dos operadores do direito, pois precisam ser previstas possíveis condições e ocorrências no curso da edificação até sua conclusão, mediante o registro e o retorno de fração daquelas propriedades ao permutante.

O contrato de permuta por área construída tornou-se tão usual e crescente em nossa sociedade que a Receita Federal editou a Instrução Normativa n. 107, de 14 de julho de 1988, com vistas a regulamentar a tributação dessas operações:

> 1.1 Para fins desta instrução normativa, considera-se permuta toda e qualquer operação que tenha por objeto a troca de uma ou mais unidades imobiliárias por outra ou outras unidades, ainda que ocorra, por parte de um dos contratantes o pagamento de parcela complementar em dinheiro aqui denominada torna. (Brasil, 1988b)

Essa instrução normativa visa regular a questão da incidência tributária (ITBI) nesse tipo de operação, para evitar a judicialização da questão.

Como já indicamos, retornaremos a esse tema tão importante no Capítulo 6, que trata da incorporação e que tem em seu cerne o contrato de permuta por área construída.

1.3.3 Doação

O contrato de doação decorre da intenção do doador, na condição de proprietário de determinado bem, em doá-lo em favor de determinado donatário. Esse conceito é definido como *animus donandi*, isto é, a ação de dar a outrem.

A doação pode ser simples ou condicionada. Na **doação simples**, a obrigação se extingue com a transmissão da propriedade, ocasião em que o donatário passará a exercer o pleno uso e gozo sobre a propriedade doada.

Na **doação condicionada**, o doador pode estipular uma condição a termo ou *sine qua non* para a efetivação da transmissão ou até mesmo o exercício da posse pelo donatário, que só se aperfeiçoará com a conclusão daquela obrigação.

O doador pode, ainda, estipular ao donatário determinadas condições, como a manutenção e o uso do bem, a destinação específica e a revogação em caso da não atenção às condições especificadas no contrato.

A motivação da doação não é um dos requisitos de validade, como bem leciona Sílvio de Salvo Venosa (2009, p. 103-104): "A motivação do ato jurídico de doação é irrelevante para o direito. Sempre haverá um interesse remoto no ato de liberalidade cujo exame, na maioria das vezes, é despiciendo ao plano jurídico".

A doação está prevista no art. 538 do Código Civil, assim descrita: "Considera-se doação o contrato em que uma pessoa, por liberalidade, obriga-se a transferir do seu patrimônio bem ou vantagens para o de outra" (Brasil, 2002).

O imposto que incide sobre a doação é o Imposto sobre Transmissão *Causa Mortis* e Doação (ITCMD), o qual, via de regra, costuma ter uma alíquota superior à do imposto oriundo da compra e venda ou permuta (ITBI).

Uma recente atualização decorrente da reforma tributária, por meio da Emenda Constitucional n. 132, de 20 de dezembro de 2023 (Brasil, 2023a), é que as organizações da sociedade civil passaram a deter imunidade tributária quando do recebimento da doação de bens, incluindo-se bens imóveis.

1.3.4 Dação em pagamento

O contrato de dação em pagamento tem como objeto possibilitar ao devedor quitar sua dívida mediante a entrega de um bem móvel ou imóvel com o aceite de seu credor. O bem deve ser de quantia semelhante ou equivalente ao débito.

Obrigatoriamente, a dação em pagamento remete a uma novação da obrigação, isso porque, para que haja dação, é preciso que exista uma obrigação anterior ainda não cumprida. Segundo o doutrinador Sílvio de Salvo Venosa (2005, p. 292),

> Para que ocorra a dação, há necessidade de: (a) uma obrigação previamente criada, (b) um acordo posterior, em que o credor concorda em aceitar coisa diversa e, por fim, (c) a entrega da coisa diversa com a finalidade de extinguir a obrigação. Trata-se, pois, de negócio jurídico bilateral, oneroso e real, pois implica a entrega de uma coisa (salvo se a prestação substituída seja de fazer ou não fazer, pura e simples). Sua finalidade é extinguir a dívida. Se a coisa entregue for imóvel, seguir-se-ão todas as regras aplicadas às alienações de imóveis: necessidade de escritura pública se superior ao valor legal, outorga conjugal etc.

A dação em pagamento está prevista nos arts. 356 a 359 do Código Civil: "O credor pode consentir em receber prestação diversa da que lhe é devida" (Brasil, 2002, art. 356).

O aceite quanto à substituição da obrigação originária pelo bem oferecido é facultado ao credor. A extinção da obrigação ocorre mediante a transferência e a entrega do bem.

A aplicação dos efeitos e das normas da compra e venda aos contratos de dação em pagamento decorre da determinação contida no art. 357 do Código Civil, que assim dispõe: "Determinado o preço da coisa dada em pagamento, as relações entre as partes regular-se-ão pelas normas do contrato de compra e venda" (Brasil, 2002).

1.3.5 Locação residencial e locação comercial

Nesta seção, trataremos dos contratos de locação pelo ponto de vista conceitual, indicando apenas os principais requisitos, deveres e obrigações, sem um maior aprofundamento, o qual será feito no Capítulo 7.

Tanto a locação comercial como a locação residencial são regulamentadas pela Lei n. 8.245, de 18 de outubro de 1991, conhecida como *Lei do Inquilinato* (Brasil, 1991), e suas modificações oriundas da Lei n. 12.112, de 9 de dezembro de 2009, e da Lei n. 12.744, de 19 de dezembro de 2012 (Brasil, 2009, 2012).

O contrato de **locação residencial** é aquele destinado à moradia do locatário, em um imóvel com a posse disponibilizada pelo seu proprietário – na figura do locador. É um contrato oneroso, bilateral, consensual e impessoal.

A utilização desse imóvel deve ser específica (moradia), por meio de um pagamento mensal (ou outro período) e pelo prazo determinado em contrato (verbal ou escrito), com a sua devolução na mesma forma quando do início da locação (coisa infungível).

Muito embora as locações sejam regidas por lei específica – Lei n. 8.245/1991 –, as definições conceituais citadas estão no art. 565 do Código Civil: "Na locação de coisas, uma das partes se obriga a ceder à outra, por tempo determinado ou não, o uso e gozo de coisa não fungível, mediante certa retribuição" (Brasil, 2002).

Maria Helena Diniz (2008, p. 103) apresenta um conceito do contrato de locação muito próximo da definição legal ao afirmar que "é o contrato pelo qual uma das partes se obriga a conceder à outra o uso e gozo de uma coisa não fungível, temporariamente e mediante remuneração".

A impessoalidade do contrato de locação também decorre de imposição legal, porque, nos contratos de locação por prazo indeterminado, há a previsão de substituição do locador ou locatário, conforme previsto no art. 577 do Código Civil: "Morrendo o locador ou o locatário, transfere-se aos seus herdeiros a locação por tempo determinado" (Brasil, 2002).

Além da qualificação das partes, locador e locatário, o contrato de locação deve abordar questões importantes como modalidade de garantia locatícia, prazo de duração da locação, obrigação quanto aos pagamentos dos tributos e das despesas do imóvel, especificações de multa contratual, entre outras questões, as quais estão previstas, em sua totalidade, na Lei n. 8.245/1991.

No contrato de **locação comercial**, o locatário recebe a posse e se utiliza do imóvel do locador, com a especificidade voltada ao desenvolvimento de uma atividade comercial, empresarial ou industrial.

Além dos conceitos já apresentados na locação residencial, como onerosidade, prazo, garantias, obrigações e impessoalidade, o contrato de locação comercial tem algumas diferenças que visam assegurar seu principal objeto – o desenvolvimento de uma atividade comercial/empresarial.

Essa segurança, concedida pela Lei n. 8.245/1991, está prevista no art. 51, em seus incisos e parágrafos. O *caput* do referido artigo determina que, observados cumulativamente os requisitos contidos nos incisos I, II e III, o locatário terá direito à renovação do contrato de locação.

Para obter esse direito na locação comercial, o locatário deve, de forma cumulativa, observar o preenchimento de alguns requisitos, que passaremos a analisar:

1. O contrato deve ter sido pactuado por escrito e com prazo determinado. Diferentemente do que ocorre na locação residencial, em que é possível a renovação automática de um contrato verbal, na locação comercial, para que se tenha direito à renovação do contrato comercial, é preciso observar a forma escrita, tendo como requisito complementar para a renovação do contrato sua pactuação por prazo determinado.
2. O prazo mínimo é de cinco anos do contrato que se pretende renovar. A contagem desse prazo permite que se estabeleça um único contrato ou se façam aditivos ininterruptos que somem o prazo de cinco anos.
3. Deve haver a exploração pelo locatário de comércio ou atividade empresarial, no mesmo ramo, pelo prazo mínimo e ininterrupto de três anos.

Abordaremos as questões pertinentes e as particularidades dos contratos de locação com mais detalhes no Capítulo 6.

1.3.6 Locação *buil to suit*

A locação *built to suit* (do inglês, "construído para usar") é uma modalidade relativamente nova, em que o locatário, além de receber a posse do imóvel do locador, desenvolverá a edificação ou a ampliação no imóvel, voltada especificamente para o seu ramo de atividade.

O locatário arcará com os custos da construção, visando diluir seu investimento no curso da locação (de longo prazo), e o locador, além da remuneração advinda do aluguel, terá uma edificação ou ampliação executada em seu imóvel, sem o investimento de capital próprio.

É uma modalidade de locação majoritariamente utilizada no segmento comercial, muito usual em locação para farmácias, supermercados e academias.

Um contrato desse tipo contém especificações muito importantes para ambas as partes, como previsão quanto à responsabilidade de emissão das licenças para construção, recolhimento tributário da edificação, seguro de obra, período de indenização (ou carência locatícia) pela obra edificada, condições da rescisão do contrato, formas de reajuste (visto que são contratos feitos por longos períodos), previsão de rescisão e indenização das partes.

Com conceito semelhante, Silvio Rodrigues (2002, p. 219) assim define o contrato *built to suit*:

> contrato pelo qual uma das partes, mediante remuneração que a outra paga, compromete-se a fornecer-lhe, durante certo lapso de tempo, ou o uso e o gozo de uma coisa infungível (locação de coisas); ou a prestação de um serviço (locação de serviços); ou a execução de algum trabalho determinado (empreitada), [...] a locação pode ter por objeto uma coisa, serviços, ou ainda o fornecimento de uma coisa acrescida de serviços, como no caso de empreitada de trabalho e materiais. Aqui a coisa fornecida não constitui objeto de locação, visto que é transferida para o domínio do outro negócio.

Essa forma de contrato passou a fazer parte do ordenamento jurídico com o advento da Lei n. 12.744/2012, que modificou a Lei n. 8.245/1991 em seu art. 54-A, o qual permitiu a possibilidade de retomada do imóvel pelo locador antes do fim do prazo da locação, desde que observada a necessidade de indenizar a parte locatária quanto aos investimentos realizados.

Apesar dos avanços e do reconhecimento do contrato *built to suit* como uma modalidade de locação, é preciso ter muita cautela na confecção dessa modalidade de locação, pois se trata de um modelo relativamente novo e que ainda é objeto de debate nos tribunais, com sua jurisprudência ainda em construção.

1.3.7 Incorporação

A incorporação imobiliária é conceituada pelo art. 28, parágrafo único, da Lei n. 4.591/1964, que assim dispõe: "considera-se incorporação imobiliária a atividade exercida com o intuito de promover e realizar a construção, para alienação total ou parcial, de edificações compostas de unidades autônomas" (Brasil, 1964).

Um dos principais destaques da incorporação é a possibilidade de venda das unidades (imóvel), no todo ou em parte, antes de sua edificação, sendo o incorporador a figura central dessa modalidade imobiliária.

A possibilidade de venda dessas unidades antes de sua edificação é cercada de requisitos a serem observados pelo incorporador, que visam trazer segurança ao adquirente comprador. Como exemplo, destacamos o memorial de incorporação, um documento indispensável para essas vendas.

O memorial de incorporação deve ser registrado no cartório de registro de imóveis da circunscrição do terreno onde será edificada a obra, mediante a apresentação de uma série de documentos e exigências, como:

» título de propriedade de terreno, seja a escritura pública, seja o contrato de compra e venda ou, ainda, o contrato de permuta, devendo ambos os contratos conter cláusula de condição irretratável e irrevogável, além de estarem registrados;

» todas as certidões negativas do incorporador e eventualmente do alienante do terreno (em caso de permuta);
» histórico de propriedade do imóvel dos últimos 20 anos, o qual pode ser substituído pela certidão de inteiro teor;
» projeto de edificação aprovado pelas autoridades competentes. Nesse ponto, é preciso avaliar as exigências de cada cidade. Em alguns casos, apenas o alvará de construção e a licença ambiental são suficientes; em outras cidades, o plano diretor traz mais exigências ao incorporador;
» cálculo das áreas das edificações, discriminando-se, além da área total, as áreas de uso comum e indicando-se a metragem de área construída de cada unidade (fração ideal);
» memorial descritivo das especificações da obra projetada, um documento que é de extrema importância, pois deve apresentar o detalhamento do acabamento, itens de segurança, itens de lazer, decoração (se houver) e demais informações acerca da entrega do empreendimento quando de sua conclusão.

Existem outros requisitos, como certidões e protocolos, a serem observados para que uma incorporação seja aprovada. A lista completa das exigências é decorrente das imposições contidas nos arts. 31 e 32 da Lei n. 4.591/1964. O art. 31, introduzido pela Lei n. 10.931, de 2 de agosto de 2004, passou a exigir das incorporadoras a constituição de um patrimônio de afetação nas obras a serem edificadas (Brasil, 2004a).

Em uma definição conceitual, podemos afirmar que o patrimônio de afetação é a separação de determinado empreendimento (terreno, unidades, recursos recebidos, objetos e bens adquiridos) dos demais ativos do incorporador. O patrimônio de afetação veda ao incorporador a utilização de recursos advindos da venda de unidades de determinado empreendimento, a serem utilizados em outro empreendimento, gerando, assim, mais segurança para seus adquirentes.

Além de assegurar a aplicação dos recursos captados com a venda das unidades, o patrimônio de afetação garante a forma como se dará a conclusão da obra em caso de impossibilidade daquele incorporador. Abordaremos esse tema com um mais aprofundamento no Capítulo 5.

1.3.8 Loteamento

O loteamento, ou parcelamento do solo, é o ato de dividir uma gleba em lotes a serem comercializados para edificação, com abertura de novas vias de circulação, de logradouros públicos ou prolongamento, modificação ou ampliação das vias existentes.

Essa definição é dada pelo art. 2º, parágrafo 1º, da Lei n. 6.766, de 19 de dezembro de 1979, a qual rege o parcelamento do solo para fins urbanos (loteamento) (Brasil, 1979).

Para a aprovação de um loteamento, deve constar de seu projeto e execução a presença de infraestrutura básica, com escoamento das águas pluviais, iluminação pública, esgotamento sanitário, abastecimento de água potável, energia elétrica pública e domiciliar e vias de circulação. Sem a presença cumulativa desses itens, não é possível fazer o loteamento de uma terra.

De forma diferente da incorporação, no caso do loteamento, a lei atribui à figura do responsável pela idealização do loteamento o título de *empreendedor*, conforme disposição contida no art. 2-A da Lei n. 6.766/1979.

Outra importante exigência para a constituição de um loteamento é a observação da área mínima de cada lote, devendo haver 5 metros de frente (testada) e a área total mínima de 125 metros quadrados.

O projeto de loteamento precisa ser aprovado na prefeitura municipal, contendo a planta do loteamento e o plano de desmembramento da gleba total. Após a aprovação do projeto, o empreendedor deverá registrar o loteamento no cartório de registro de imóveis daquela circunscrição, ocasião em que poderá iniciar a comercialização dos lotes.

1.3.9 Comodato

O comodato é uma modalidade de empréstimo gratuito do bem imóvel, cujo contrato será feito entre o comandante (aquele que detém a coisa) e o comodatário (que recebe a coisa).

Outra especificação do contrato de comodato é sua impossibilidade de ser feito a título oneroso.

Seu prazo pode ser por tempo determinado ou, na ausência de prazo determinado, perdurar até a solicitação de restituição por parte do comandante, devendo a coisa ser restituída quando solicitada na mesma forma como foi recebida pelo comodatário.

Muito embora o contrato de comodato possa ser na forma verbal, em se tratando de comodato de imóvel, a recomendação é pela formalização de um contrato escrito, prevendo-se as condições do comodato e o prazo, para evitar eventuais insurgências futuras.

O Código Civil dá ao comodato uma conotação de contrato unilateral. Entretanto, considerando as disposições contidas nos arts. 582 e 583, temos que o contrato de comodato é bilateral, afinal, constitui obrigações para ambas as partes.

Art. 582. O comodatário é obrigado a conservar, como se sua própria fora, a coisa emprestada, não podendo usá-la senão de acordo com o contrato ou a natureza dela, sob pena de responder por perdas e danos.

Art. 583. Se, correndo risco o objeto do comodato juntamente com outros do comodatário, antepuser este a salvação dos seus abandonando o do comodante, responderá pelo dano ocorrido, ainda que se possa atribuir a caso fortuito, ou força maior. (Brasil, 2002)

Como indica a redação dos arts. 582 e 583 do Código Civil, há atribuições e responsabilidades daquele investido na condição de comodatário. A parte final do art. 582 traz ainda a possibilidade de responsabilização por perdas e danos, o que, por si só, já gera uma obrigação pessoal. Já o art. 583 dispõe que o comodatário poderá responder pelos danos ocorridos, ainda que por motivo de força maior.

Logo, havendo a obrigação expressa de devolução da coisa na forma como foi recebida e, ainda, a possibilidade de responsabilização do comodatário, podemos concluir que se trata de um contrato bilateral com responsabilidade para ambas as partes, de coisa não fungível, a título gratuito e por prazo determinado ou indeterminado.

1.4 Contrato de comissão de corretagem

Muito embora não seja um contrato que verse sobre um direito real, o contrato de comissão de corretagem e a atuação do corretor como intermediador de negócios imobiliários devem ser objeto de análise, pois estão intrinsecamente ligados aos contratos anteriormente estudados.

A atuação do corretor de imóveis deve ser realizada com diligência, cuidado e prestação das informações necessárias para a conclusão do negócio.

A definição legal do contrato de corretagem consta no art. 722 do Código Civil, com a seguinte redação:

Art. 722. Pelo contrato de corretagem, uma pessoa, não ligada a outra em virtude de mandato, de prestação de serviços ou por qualquer relação de dependência, obriga-se a obter para a segunda um ou mais negócios, conforme as instruções recebidas. (Brasil, 2002)

Já a regulamentação sobre a atuação do corretor é dada pela Lei n. 6.530, de 12 de maio de 1978, que, no art. 3º, traz a seguinte redação:

Art. 3º Compete ao Corretor de Imóveis exercer a intermediação na compra, venda, permuta e locação de imóveis, podendo, ainda, opinar quanto à comercialização imobiliária.

Parágrafo único. As atribuições constantes deste artigo poderão ser exercidas, também, por pessoa jurídica inscrita nos termos desta lei. (Brasil, 1978)

No contrato de corretagem imobiliária, o contratante se compromete a pagar uma comissão em decorrência da prestação do serviço de intermediação contratado (venda, compra, locação ou permuta). A comissão para imóveis urbanos pode ser entre 4% e 6% do valor de venda, chegando a até 10% para imóveis rurais.

O contrato de comissão de corretagem traz uma peculiaridade que é o chamado *resultado útil*, ou seja, a conclusão do negócio.

A teoria do resultado útil é baseada no art. 725 do Código Civil, que indica a seguinte condição: "A remuneração é devida ao corretor uma vez que tenha conseguido o resultado previsto no contrato de mediação, ou ainda que este não se efetive em virtude de arrependimento das partes" (Brasil, 2002).

Podemos concluir que o contrato de corretagem traduz uma obrigação de resultado. Assim, para que o corretor tenha direito à comissão, relacionada à mediação de um contrato de resultado, são necessários três requisitos: 1) autorização para mediar; 2) aproximação das partes; e 3) resultado útil.

A questão do resultado útil é que ele pode ocorrer com ou sem a manutenção do corretor na negociação. Vamos imaginar o seguinte cenário: João, proprietário do imóvel X, contrata o corretor Paulo para vendê-lo; o corretor realiza todas as diligências e inicia os anúncios do imóvel, que acabam por encontrar um potencial comprador, Fernando. Ocorre que as partes compradora e vendedora decidem por fechar o negócio entre si, sem a participação do corretor na finalização da venda.

Nessa situação hipotética, a comissão será devida mesmo sem a participação do corretor na conclusão do negócio, porque foram preenchidos os requisitos necessários para justificar a remuneração, quais sejam: autorização para venda (contrato), aproximação entre as partes e resultado útil.

Esse posicionamento encontra respaldo na jurisprudência:

EMENTA: APELAÇÃO CÍVEL. AÇÃO DE COBRANÇA DE COMISSÃO DE CORRETAGEM IMOBILIÁRIA. CONTRATO VERBAL RATIFICADO POR MENSAGENS DE TEXTO. SERVIÇO PRESTADO. PAGAMENTO DA COMISSÃO DE CORRETAGEM. 1. **De acordo com a regra do artigo 725 do Código Civil, a comissão de corretagem é devida nos casos em que da aproximação dos interessados atinja o resultado útil da negociação, qual seja, a materialização do contrato de compra e venda.** 2.

No caso vertente, além de demonstrado o acerto prévio entre o polo autor e o demandado, evidencia-se que o negócio jurídico só ocorreu em razão da intermediação do primeiro, o que permite concluir que o apelante autorizou, ou ao menos consentiu, a mediação, tendo sido, inclusive, realizada uma reunião com os compradores organizada pela apelada, por meio da qual, cerca de dois meses depois, se atingiu o resultado da compra e venda. (TJGO, 2023, grifo nosso.

1.5 Direito registral imobiliário

O direito registral está intrinsecamente ligado ao cartório de registro de imóveis, afinal, é dele que decorrem os atos a serem registrados, averbados ou certificados na matrícula de um bem imóvel.

Os cartórios de registro de imóveis são separados por circunscrição, que nada mais é do que a área de atuação geográfica daquele cartório.

Portanto, quando falamos em imóveis, incorporação, compra e venda, automaticamente nos remetemos ao cartório de registro de imóveis, o órgão responsável por registrar os atos e transações particulares, trazendo-lhes a publicidade, a segurança e a legalidade necessárias para o aperfeiçoamento e a eficácia dos atos.

Ainda segundo Maria Helena Diniz (2003, p. 13), o direito registral imobiliário "consiste num complexo de normas jurídico-positivas e de princípios atinentes ao registro de imóveis que regulam a organização e o funcionamento das serventias imobiliárias".

O propósito do direito registral é estabelecer ou declarar um direito real por meio da inscrição do título correspondente, seja na matrícula do imóvel, seja por meio de uma transcrição, observando o regramento legal e procedimental imposto àquele ato, garantindo segurança jurídica e promovendo a publicidade registral a todos (*erga omnes*).

A lista dos títulos que podem ser registrados está descrita no Código Civil, sendo decorrente de um rol taxativo, como a escritura pública, o contrato particular, decisões judiciais, formal de partilha e divórcio extrajudicial e decisões estrangeiras homologadas pelo Superior Tribunal de Justiça (STJ) ou pelo Supremo Tribunal Federal (STF). Não se permite a adição ou a remoção de situações que possam constituir direitos reais.

O direito registral é assim definido por Nicolau Balbino Filho (2001, p. 35):

> o Registro seja uma fiel reprodução da realidade dos direitos imobiliários. A vida material dos direitos reais, bem como a sua vida tabular, deveriam-se desenvolver paralelamente, como se a segunda fosse espelho da primeira. Com efeito, esta é uma ambição difícil de se concretizar, mas em se tratando de um ideal, nada é impossível; basta perseverar.

Considerando-se que o direito registral é prestado por um particular em colaboração com o Poder Público, por meio de sua investidura na delegação da figura pública, é preciso que esse particular atente à forma de registro dos atos (*forma ad probationem*), uma vez que ela é essencial para sua validade.

Como se trata de um particular delegado em uma função pública, devem ser observados ainda os princípios constitucionais constantes do art. 37 da Constituição Federal:

- » **Princípio da legalidade:** os registradores só podem praticar os atos estipulados em lei.
- » **Princípio da impessoalidade:** o ato registral deve ser praticado observando-se especificadamente sua finalidade.
- » **Princípio da publicidade:** consiste na divulgação dos atos formais para conhecimento público, abrangendo não apenas os atos de registro como também a emissão de certidões.
- » **Princípio da eficiência:** decorre da obrigação do registrador e demais agentes de realizar os atos registrais com a devida destreza, perfeição e eficácia em sua atuação.
- » **Princípio da moralidade administrativa:** os agentes da Administração Pública e os registradores por delegação devem atuar sempre dentro dos limites éticos, de forma que violar os princípios éticos seria o equivalente à violação do próprio direito.

Além dos princípios constitucionais descritos, os registradores devem observar ainda os princípios próprios e decorrentes do exercício da função registral:

- » **Princípio da inscrição registral:** A constituição, a averbação, a transmissão, a modificação ou a extinção dos direitos reais sobre imóveis só se operam entre vivos e mediante sua inscrição no registro de imóveis; esse princípio encontra previsão no art. 1.245 do Código Civil.
- » **Princípio da publicidade registral:** é o meio pelo qual se tornam públicas as modificações, as constituições, as averbações ou as extinções dos direitos reais sobre um determinado imóvel; esse princípio tem previsão no art. 16 da Lei n. 6.015, de 31 de dezembro de 1973, conhecida como Lei de Registro Público (Brasil, 1973).

» **Princípio da presunção e da fé pública:** tudo o que se encontra registrado pelo registro de imóveis tem presunção de verdade, até que se prove o contrário. Princípio fundamentado no art. 1.231 do Código Civil, encontra previsão no Código Civil, em seu art. 215, e na Lei n. 8.935, de 18 de novembro de 1994 (Brasil, 1994), em seu art. 3º, que conferem fé pública aos atos praticados por notários, tabeliães e oficiais de registro.

» **Princípio da prioridade:** impõe ao registrador a obrigação de atentar à ordem cronológica de apresentação dos títulos para registro; decorre do art. 186 da Lei n. 6.015/1973.

» **Princípio da qualificação e da legitimidade:** é obrigação que recai sobre o registrador para que constate a precisão das informações acerca da descrição do imóvel, sua circunscrição, qualificação das partes e seus cônjuges, representação, recolhimento dos tributos e impostos além do revestimento das formalidades legais para o registro daquele título; está previsto no art. 176 da Lei n. 6.015/1973.

» **Princípio da continuidade:** caso o imóvel não esteja em nome do outorgante, deve-se exigir a escritura pública, registro e/ou matrícula a ser registrada para dar continuidade ao ato; está previsto no art. 195 da Lei n. 6.015/1973.

» **Princípio da rogação:** o registrador não pode agir de ofício, devendo sempre haver um pedido da parte interessada; está previsto no art. 13 da Lei n. 6.015/1073.

Esses são os princípios básicos e basilares do direito registral, uma atividade de grande importância para nossa sociedade e para o direito imobiliário.

II

Propriedade como um direito real

O direito de propriedade é um direito real, decorrente do uso, gozo e disposição do bem ou da coisa, podendo, portanto, ser considerado o direito mais real e mais amplo.

Vamos analisar a disposição legal do direito de propriedade, sua aplicação e também o embate que permeia o caráter absolutório desse direito ou sua mitigação em casos específicos.

2.1 Conceito de propriedade, segundo o Código Civil

A propriedade é o direito real mais abrangente listado na legislação brasileira. O proprietário tem o direito de usar, gozar e dispor da propriedade, segundo o disposto no *caput* do art. 1.228 do Código Civil – Lei n. 10.406, de 10 de janeiro de 2002 (Brasil, 2002). Ele também tem o direito de reaver a propriedade do poder daquele que a detém injustamente.

Para Maria Helena Diniz (2012, p. 48), "poder-se-á definir, analiticamente, a propriedade, como sendo o direito que a pessoa natural ou jurídica tem, dentro dos limites normativos, de usar, gozar e dispor de um bem, corpóreo ou incorpóreo, bem como de reivindicá-lo de quem injustamente o detenha".

Em nossa visão, o direito de propriedade só é absoluto quando exercido entre o bem e o proprietário, que, em tese, pode usá-lo livremente e dele dispor.

Conforme a legislação brasileira, contudo, a regra é que o direito de propriedade não é um direito absoluto, porque, para que o proprietário possa gozar, usar, fruir livremente ou dispor de sua propriedade, deve observar regramentos como a função social da propriedade, o Estatuto da Cidade, a legislação urbanística municipal, as restrições do meio ambiente, entre outras normas aplicadas à nossa sociedade e que mitigam o direito de propriedade.

Um exemplo da mitigação do direito de propriedade está nos parágrafos do art. 1.228 do Código Civil, que passaremos a analisar.

> Art. 1.228. O proprietário tem a faculdade de usar, gozar e dispor da coisa, e o direito de reavê-la do poder de quem quer que injustamente a possua ou detenha.
>
> § 1º O direito de propriedade deve ser exercido em consonância com as suas finalidades econômicas e sociais e de modo que sejam preservados, de conformidade com o estabelecido em lei especial, a flora, a fauna, as belezas naturais, o equilíbrio ecológico e o patrimônio histórico e artístico, bem como evitada a poluição do ar e das águas.
>
> § 2º São defesos os atos que não trazem ao proprietário qualquer comodidade, ou utilidade, e sejam animados pela intenção de prejudicar outrem.
>
> § 3º O proprietário pode ser privado da coisa, nos casos de desapropriação, por necessidade ou utilidade pública ou interesse social, bem como no de requisição, em caso de perigo público iminente.

§ 4º O proprietário também pode ser privado da coisa se o imóvel reivindicado consistir em extensa área, na posse ininterrupta e de boa-fé, por mais de cinco anos, de considerável número de pessoas, e estas nela houverem realizado, em conjunto ou separadamente, obras e serviços considerados pelo juiz de interesse social e econômico relevante.

§ 5º No caso do parágrafo antecedente, o juiz fixará a justa indenização devida ao proprietário; pago o preço, valerá a sentença como título para o registro do imóvel em nome dos possuidores. (Brasil, 2002)

O parágrafo 1º traz as limitações legais já ventiladas e a necessidade de utilização do bem em consonância com as legislações vigentes. Um exemplo de limitação legal do direito de propriedade que consta nesse parágrafo do art. 1.228 são as proibições de construção em áreas de preservação ambiental, onde o indivíduo pode adquirir a propriedade, tendo, porém, mitigada a possibilidade de edificar e/ou construir naquele solo por uma imposição de lei ambiental.

Já o parágrafo 2º determina que o proprietário não pode praticar dolosamente, no exercício normal do direito de propriedade, qualquer ato com a firme intenção de causar dano a outrem, e não satisfazer uma necessidade sua, como no caso de construir um muro para tirar a iluminação solar do vizinho.

O parágrafo 3º trata da perda da propriedade nos casos de desapropriação pelo interesse público ou em caso de perigo iminente. No primeiro caso, é permitido ao Estado desapropriar uma propriedade (mediante indenização) quando houver relevante interesse social. Como exemplo, podemos citar a desapropriação de uma área por onde passará uma rodovia que interligará duas cidades e que trará inúmeros benefícios fiscais, econômicos e sociais.

No segundo caso, o perigo iminente, com frequência, está relacionado a propriedades em áreas de risco. O Estado, que tem o dever de resguardar a vida do cidadão, pode desapropriar uma área que coloque a vida dos residentes e de pessoas ao redor em risco. Como exemplo, pensemos em uma casa à beira de ladeira com risco de desmoronamento.

Por fim, o parágrafo 4º trata da perda da propriedade quando ela não atinge sua função social e, nesse caso, é objeto de ação reivindicatória por um grupo de pessoas ou trabalhadores que tornam a área habitável ou produtiva. O parágrafo 5º fixa ainda que, antes da desapropriação, deve ser fixada uma indenização em favor do proprietário.

2.2 Características da propriedade

As características da propriedade, também chamadas de *faculdades do proprietário da coisa*, decorrem do que está descrito no art. 1.228 do Código Civil e constituem-se, mais precisamente, no direito de usar, gozar ou fruir, alienar ou dispor e reaver a coisa.

Analisemos mais detalhadamente as características de utilização da propriedade:

> » **Usar:** capacidade plena de usar a coisa a favor do titular (proprietário) para que possa usufruir dela de forma adequada, sem a modificação da substância ou, até mesmo, sem a sua utilização. O proprietário pode usá-la para o próprio benefício ou o de terceiros, bem como pode excluir os terceiros de seu uso (reaver). Deve observar sempre sua utilização dentro dos limites legais e da função social da propriedade.

» **Gozar ou fruir**: capacidade do proprietário de receber os frutos da coisa, que podem ser naturais (uma plantação, por exemplo) ou civis (como o aluguel do bem), bem como os frutos econômicos (um poço de petróleo). Os frutos são bens acessórios que surgem do principal, sem diminuir sua quantidade. Já os produtos são bens acessórios que se destacam do principal, o que resulta na diminuição de sua quantidade.

» **Alienar ou dispor**: ato de transferir a propriedade, isentá-la de ônus e aliená-la a qualquer título. Dessa forma, é possível afirmar que compreende as ações de alienar, gravar, consumir e dividir. Esse ato está condicionado à função social da sociedade e às limitações legais.

» **Reaver a coisa**: o poder de reivindicar o bem de quem está em sua posse ou o detém de forma injusta é direito atribuído pela ação reivindicatória, a qual tem como fundamento o direito de sequela e é exercida pelo proprietário contra o possuidor (injusto). Dessa maneira, exercido o direito de sequela, a coisa será devolvida do possuidor, que a manteve injustamente e sem motivo jurídico, ao proprietário.

Além dessas características, o art. 1.231 do Código Civil estabelece que a propriedade pode ser plena ou restrita: "A propriedade presume-se plena e exclusiva, até prova em contrário" (Brasil, 2002).

A **propriedade plena** é aquela em que o proprietário detém, cumulativamente, os quatro atributos já descritos (usar, gozar, alienar e dispor). Já a **propriedade restrita** é aquela que se encontra mitigada em parte dessas características, em decorrência de hipoteca, servidão, usufruto ou alienação.

Essas são as principais características da propriedade. Mais à frente, abordaremos as principais diferenças entre propriedade e posse.

2.3 Formas de aquisição de propriedade

Existem duas formas de adquirir uma propriedade: pela aquisição originária e pela aquisição derivada.

A principal característica da **aquisição originária** é o fato de sua tradição não ser decorrente de uma transmissão por terceiro ou de manifesta vontade das partes. Assim, a aquisição originária pode ser ou por acessão ou por uma das modalidades de usucapião.

Acessão é a incorporação de um bem pelo outro, que pode ocorrer por meio da formação de ilhas, aluvião, avulsão, abandono de álveo de rio, plantação ou construção em imóvel alheio.

Para a aquisição originária por usucapião, deve haver o exercício da posse mansa e pacífica, por um determinado tempo (a depender do tipo de usucapião), e a presença do *animus domini* (agir como dono).

Já a **aquisição derivada** é aquela contemplada pelos arts. 1.226 e 1.227 do Código Civil:

> Art. 1.226. Os direitos reais sobre coisas móveis, quando constituídos, ou transmitidos por atos entre vivos, só se adquirem com a tradição.
>
> Art. 1.227. Os direitos reais sobre imóveis constituídos, ou transmitidos por atos entre vivos, só se adquirem com o registro no Cartório de Registro de Imóveis dos referidos títulos (arts. 1.245 a 1.247), salvo os casos expressos neste Código. (Brasil, 2002)

Segundo Carlos Roberto Gonçalves, citado pelo Desembargador Gelson Rolim Stecker no julgamento da Apelação Cível n. 70.077.224.582, do Tribunal de Justiça do Rio Grande do Sul (TJRS, 2018a),

> Os modos de adquirir a propriedade classificam-se segundo critérios diversos. Quanto à procedência ou causa da aquisição, esta pode ser originária e derivada. É da primeira espécie quando não há transmissão de um sujeito para outro, como ocorre na acessão natural e na usucapião. O indivíduo, em dado momento, torna-se dono de uma coisa por fazê-la sua, sem que lhe tenha sido transmitida por alguém, ou porque jamais esteve sob o domínio de outrem. Não há relação causal entre a propriedade adquirida e o estado jurídico anterior da própria coisa.
>
> A aquisição é derivada quando resulta de uma relação negocial entre o anterior proprietário e o adquirente, havendo, pois, uma transmissão do domínio em razão da manifestação de vontade, como no registro do título translativo e na tradição.

Assim, podemos afirmar que a aquisição derivada pode ocorrer por meio de sucessão hereditária (herança) ou de registro público no cartório de imóveis (por compra e venda, doação, dação em pagamento, permuta ou outra forma de transmissão da propriedade).

A aquisição por sucessão hereditária é decorrente da imposição do art. 1.784 do Código Civil, que assim prevê: "Aberta a sucessão, a herança transmite-se, desde logo, aos herdeiros legítimos e testamentários" (Brasil, 2002).

A aquisição oriunda de sucessão hereditária decorre do princípio da s*aisine*, quando há a imediata transmissão ao(s) sucessor(es) do domínio e a posse da herança com o evento *mortis*. Já a transmissão dessa herança, no que concerne à propriedade, deve observar o regramento do Código Civil e de processo civil, por meio de um processo de inventário ou arrolamento de bens – os quais podem ser pela via judicial ou pela via extrajudicial, a depender das circunstâncias que envolverem os bens e os herdeiros.

2.4 Contrato de compra e venda, escritura e registro

Nesta seção, veremos com mais detalhes o que abordamos na Seção 1.3.1.

O contrato ou o compromisso de compra e venda é uma forma preliminar utilizada pelos contratantes para pactuar a venda, em que o vendedor e titular de um bem imóvel vai se comprometer a vendê-lo e a transferir ao comprador o domínio e a posse desse bem, mediante uma contraprestação financeira a ser paga nas condições e prazos avençados.

O conceito de contrato está no art. 481 do Código Civil: "Pelo contrato de compra e venda, um dos contratantes se obriga a transferir o domínio de certa coisa, e o outro, a pagar-lhe certo preço em dinheiro" (Brasil, 2002).

O contrato tem a função preliminar de estabelecer as condições da venda e das obrigações das partes, como: formas de pagamento, momento em que se dará a posse, termos de eventual rescisão, cláusula de arrependimento e até mesmo aplicação de cláusula penal, entre outras obrigações.

O contrato, no entanto, não é o documento hábil a transferir a propriedade, porque, por imposição do art. 108 do Código Civil, para que haja a efetiva transmissão de uma propriedade imóvel, é necessária a elaboração de uma escritura pública, salvo quando se trata de uma propriedade com valor fiscal atribuído inferior a 30 (trinta) salários mínimos.

Entretanto, como se trata de um documento preliminar, quando redigido sob a égide do art. 1.417, o contrato de compra e venda ganha o *status* de compromisso de compra e venda, ocasião em que passa a versar sobre direito real, e não apenas obrigações.

Como já visto no Capítulo 1, essa diferença entre o contrato de compra e venda e o compromisso de compra e venda decorre do fato de as partes não poderem invocar o arrependimento do negócio. Vejamos o que determina a lei: Art. 1.417. Mediante promessa de compra e venda, em que se não pactuou arrependimento, celebrada por instrumento público ou particular, e registrada no Cartório de Registro de Imóveis, adquire o promitente comprador direito real à aquisição do imóvel. (Brasil, 2002).

Assim, ao comparecer ao cartório de registro de imóveis da circunscrição competente e verificada inexistência de cláusula de arrependimento no contrato de compra e venda, este atinge o *status* de compromisso de compra e venda, e sua averbação na matrícula do imóvel objeto da contratação passa a ser possível. Essa averbação tem o objetivo de trazer publicidade a um ato *inter partes*, tornando-o *erga omnes* e trazendo mais segurança jurídica para a negociação.

A segurança jurídica decorrente da averbação do compromisso de compra e venda visa impedir eventuais constrições no imóvel por débitos que sejam de responsabilidade da parte vendedora.

Vamos analisar um caso hipotético, porém recorrente. Consideremos que determinada instituição financeira intenta cobrar uma cédula de crédito bancário e se insurge para penhorar ou arrestar o imóvel objeto da transação, que ainda não foi registrado em nome do novo comprador, mas conta com averbação do compromisso de compra e venda na matrícula do bem. Será possível proceder à penhora ou ao arresto?

A resposta é "não". A publicidade ocasionada pela averbação do compromisso de compra e venda, juntamente com a comprovação da transação (lastro probante), torna o promissário comprador adquirente de boa-fé. Desse modo, muito embora a transmissão da propriedade ainda não tenha se aperfeiçoado, não é possível que a instituição financeira faça a penhora ou o arresto.

2.4.1 Cláusulas essenciais ao contrato de compra e venda

Vamos analisar algumas das cláusulas essenciais ao contrato de compra e venda, além das chamadas *cláusulas especiais*, utilizadas apenas em situações específicas.

O contrato imobiliário sempre terá por objeto a criação, a extinção ou a modificação de um direito ou de uma relação jurídica patrimonial. Para atingir esse *status*, o contrato precisa conter certos elementos para validarem o negócio jurídico pretendido.

A qualificação completa dos contratantes é o primeiro ponto a ser observado, definindo de forma assertiva o tipo contratual escolhido, de acordo com o objetivo, além de informações como estado civil, profissão, cédula de identidade, entre outras.

Com avanço da era digital, é necessária a inserção dos dados eletrônicos, como *e-mail* e aplicativos de mensagens, com vistas a facilitar a comunicação eletrônica entre os contratantes.

A primeira importante cláusula de um contrato de compra e venda é a definição do objeto da transação. Essa cláusula deve conter o detalhamento do imóvel, preferencialmente como consta na matrícula, além da indicação da circunscrição (territorialidade) imobiliária competente, da inscrição imobiliária e do endereço do imóvel.

Em complemento, a cláusula do objeto deve informar se o imóvel está sendo entregue livre de ônus ou com alguma condição futura (a termo), gerando, portanto, uma obrigação a uma das partes.

Por fim, na cláusula do objeto, é preciso indicar se a venda é feita em caráter *ad corpus* ou *ad mensuram*. A distinção dessas duas modalidades está determinada no art. 500 do Código Civil:

Art. 500. Se, na venda de um imóvel, se estipular o preço por medida de extensão, ou se determinar a respectiva área e esta não corresponder, em qualquer dos casos, às dimensões dadas, o comprador terá o direito de exigir o complemento da área, e, não sendo isso possível, o de reclamar a resolução do contrato ou abatimento proporcional ao preço.

§ 1º Presume-se que a referência às dimensões foi simplesmente enunciativa, quando a diferença encontrada não exceder de um vigésimo da área total enunciada, ressalvado ao comprador o direito de provar que, em tais circunstâncias, não teria realizado o negócio.

§ 2º Se em vez de falta houver excesso, e o vendedor provar que tinha motivos para ignorar a medida exata da área vendida, caberá ao comprador, à sua escolha, completar o valor correspondente ao preço ou devolver o excesso.

§ 3º Não haverá complemento de área, nem devolução de excesso, se o imóvel for vendido como coisa certa e discriminada, tendo sido apenas enunciativa a referência às suas dimensões, ainda que não conste, de modo expresso, ter sido a venda *ad corpus*. (Brasil, 2002)

Conforme disposto no art. 500 do Código Civil, na venda *ad mensuram*, o imóvel será entregue pelo vendedor com as medidas exatas contidas na descrição do objeto, com uma tolerância de diferença não superior a um vigésimo, ou 5%, do tamanho total.

Em caso de entrega do imóvel com medida inferior e fora da tolerância, o comprador poderá exigir entre as seguintes opções: sua complementação, abatimento no preço de forma proporcional ou ainda rescisão do contrato.

O prazo para o comprador pleitear a complementação, o abatimento ou a rescisão do contrato é de um ano, conforme o art. 501 do Código Civil:

> Art. 501. Decai do direito de propor as ações previstas no artigo antecedente o vendedor ou o comprador que não o fizer no prazo de um ano, a contar do registro do título.
>
> Parágrafo único. Se houver atraso na imissão de posse no imóvel, atribuível ao alienante, a partir dela fluirá o prazo de decadência. (Brasil, 2002)

A complementação é utilizada usualmente em negociações de grandes áreas, de forma que seja possível tal ato. Por exemplo, um apartamento com 10% a menos de sua metragem não comporta o efeito da complementação. O abatimento deve ser feito na proporção do valor de venda em contraste com a metragem a menor. Já a rescisão deve ser na modalidade motivada, devendo o comprador ser ressarcido de forma integral dos valores pagos e corrigidos.

Por sua vez, na venda *ad corpus*, as partes declaram que conhecem o bem, e eventual diferença nas medidas do imóvel não implicará complementação, abatimento ou rescisão do contrato, pois o maior interesse não são as medidas exatas do imóvel, mas o bem em si.

A segunda cláusula que deve constar no contrato diz respeito ao preço e à forma de pagamento. O pagamento é a contraprestação pela transmissão do bem, portanto é dotado de interesse econômico-social, devendo haver, de maneira clara e objetiva, as condições de aquisição do objeto. O primeiro dado comumente presente na cláusula do preço de contrato de compra e venda é o sinal de negócio, ou arras. Geralmente, é representado por até 10% do valor da negociação. As arras podem ser confirmatórias ou penitenciais. No caso das arras confirmatórias, o arrependimento do negócio não é permitido às partes. Assim, se houver a desistência do negócio, as arras servirão como indenização mínima, e a parte ofendida poderá ainda pedir uma indenização suplementar ou ingressar em juízo pedindo a execução forçada do contrato. Vejamos o que dispõe o art. 419 do Código Civil: Art. 419.

A parte inocente pode pedir indenização suplementar, se provar maior prejuízo, valendo as arras como taxa mínima. Pode, também, a parte inocente exigir a execução do contrato, com as perdas e danos, valendo as arras como o mínimo da indenização" (Brasil, 2002)

As arras penitenciais, por sua vez, permitem a desistência do negócio, já estipulando as condições de indenização da parte inocente. Em caso de desistência pela parte compradora, esta perderá as arras em favor do vendedor. Caso a desistência seja da parte vendedora, esta será obrigada a restituir as arras recebidas de forma dobrada, conforme o art. 420 do Código Civil:

Art. 420. Se no contrato for estipulado o direito de arrependimento para qualquer das partes, as arras ou sinal terão função unicamente indenizatória. Neste caso, quem as deu perdê-las-á em benefício da outra parte; e quem as recebeu devolvê-las-á, mais o equivalente. (Brasil, 2002)

Além das arras, a cláusula de pagamento deve conter as datas e as condições em que os pagamentos serão realizados, porque muitos contratos são feitos com condições a termo ou condições futuras. Vejamos dois exemplos: o pagamento da parcela "x" é vinculado à baixa de um gravame na matrícula ou a imissão na posse é vinculada à quitação de um financiamento ou de uma alienação.

Uma terceira e importante cláusula refere-se à imissão de posse. É preciso deixar claro o momento em que a parte compradora receberá a posse do imóvel, podendo ser no pagamento do sinal, na quitação do valor total do contrato ou no cumprimento de outra obrigação condicionada. Essa cláusula influencia diretamente na cláusula da rescisão, como veremos adiante.

A cláusula da rescisão é de extrema importância, pois traz as consequências e as condições em que poderá ser operada a rescisão do negócio, seja ela decorrente de um vício oculto, seja ela decorrente da inadimplência da parte compradora.

Na cláusula de rescisão, é preciso que sejam previstas a forma como se dará a constituição em mora da parte inadimplente e a forma como será a comunicação da constituição em mora, bem como eventual prazo para adimplir o contrato, os percentuais de multa e juros, as consequências dessa inadimplência e o modo como será feita a rescisão.

Em que pese a liberdade contratual ou a autonomia das partes, é importante ressaltar a aplicação do art. 422 do Código Civil, que trata da boa-fé contratual nos seguintes termos: "Os contratantes são obrigados a guardar, assim na conclusão do contrato, como em sua execução, os princípios de probidade e boa-fé" (Brasil, 2002).

Em suma, os contratos devem ser redigidos sempre com vistas ao equilíbrio econômico, sem que haja demasiado favorecimento a uma das partes, sem a intenção de lesar as partes ou terceiros, observando-se sempre os princípios da probidade e da boa-fé, sob pena de haver necessária intervenção judicial para remodelar as condições contratuais que se encontrem em violação a tais princípios.

2.4.2 Cláusulas especiais no contrato de compra e venda

Como visto na seção anterior, as condições mais usuais de um contrato de compra e venda são as decorrentes da própria compra, seguida pelo pagamento e consequente imissão da posse. Contudo, existem situações distintas desse cenário e que exigem melhor elaboração das cláusulas e condições contratuais. Entre elas, veremos a taxa de fruição, a cláusula de retrovenda ou recompra, a cláusula de venda a contento ou sujeita a prova, a cláusula de recompra e a outorga uxória.

Taxa de fruição

Uma cláusula de taxa de fruição pode ser de grande valia para a parte vendedora nos casos de contratos com uma condição futura, ou "a termo", como um pagamento parcelado, por exemplo. Isso porque a fruição do imóvel remete a um percentual a ser pago pelo ocupante, outrora comprador, enquanto permanecer de forma injusta na posse do imóvel objeto de rescisão. Usualmente, são utilizados percentuais entre 0,5% a 1% do valor do contrato para cada mês de fruição do imóvel após a rescisão contratual.

Ressaltamos que a cláusula de fruição não deve ser confundida com locação. A fruição é decorrente da ocupação indevida do imóvel após a notificação de rescisão contratual. Portanto, a cláusula de fruição desempenha um papel importante na relação contratual, trazendo equilíbrio em caso de rescisão.

Afinal, seu objetivo é remunerar a parte ofendida e desestimular a ocupação indevida do imóvel, em caso de inadimplemento.

Destacamos também a possibilidade de as partes preverem no contrato que a taxa de fruição será deduzida do montante a ser restituído à parte compradora em caso de rescisão. Assim, gerará um resultado prático desde o momento em que se caracterize eventual inadimplência a resultar na rescisão do contrato.

Cláusula de retrovenda

A cláusula de retrovenda tem previsão nos arts. 505 a 508 do Código Civil e garante, sob condições específicas, o direito do vendedor de reaver o imóvel vendido dentro de um prazo previamente estipulado, não superior a três anos.

Vejamos a disposição do art. 505 do Código Civil:

> Art. 505. O vendedor de coisa imóvel pode reservar-se o direito de recobrá-la no prazo máximo de decadência de três anos, restituindo o preço recebido e reembolsando as despesas do comprador, inclusive as que, durante o período de resgate, se efetuaram com a sua autorização escrita, ou para a realização de benfeitorias necessárias. (Brasil, 2002)

Como podemos observar, em caso de cláusula de retrovenda, o prazo para o exercício desse direito é decadencial*. Quando do exercício da retrovenda, a parte vendedora deve comunicar o comprador por escrito, fazendo o pagamento do valor recebido (devidamente corrigido) e ainda acrescido das despesas por ela (vendedor) autorizadas no curso do período de resgate, estabelecido em contrato ou por força de lei.

---

* O prazo decadencial é o período de tempo durante o qual o sujeito pode exercer um direito, sob pena de perdê-lo definitivamente.

Em caso de recusa do comprador em receber a quantia paga, acrescida de correção e despesas, a parte vendedora pode exercer seu direito por meio da consignação em pagamento dos valores em juízo, pleiteando, assim, a retomada da posse e o domínio do bem.

Ressaltamos também que a cláusula de retrovenda, além de cessível e transmissível aos herdeiros, é ainda oponível em face de terceiros adquirentes de boa-fé, conforme previsto no art. 507 do Código Civil: "O direito de retrato, que é cessível e transmissível a herdeiros e legatários, poderá ser exercido contra o terceiro adquirente" (Brasil, 2002).

Em outras palavras, se dentro do prazo do exercício de retrovenda o imóvel for vendido a terceiros, estes não poderão insurgir-se contra o direito do vendedor em reaver o imóvel.

Cláusula de recompra

A cláusula de recompra é aplicada quando a aquisição do imóvel ocorre mediante parte do pagamento por meio de outros imóveis.

Diferentemente do que ocorre na cláusula de retrovenda, no caso da recompra, é permitido ao comprador que está entregando um ou mais de um imóvel dado como parte do pagamento fazer a recompra desse bem pelo preço e nas condições previamente estipuladas em contrato.

Outro ponto fundamental a constar na cláusula de recompra é que, não sendo exercido o direito de recompra dentro do prazo preestabelecido, a parte compradora deve fazer a transmissão daquela propriedade dada como parte do pagamento da transação, sob pena de configurar constituição em mora e consequente inadimplência. Dessa forma, evita-se a postergação no cumprimento da obrigação e da conclusão do contrato.

Cláusulas de venda a contento e de venda sujeita a prova

A venda a contento e a venda sujeita a prova são aquelas realizadas sob condição suspensiva em que se confere ao comprador a faculdade de ou validar e aperfeiçoar a tradição ou então recusar o recebimento da coisa (imóvel) e desistir do negócio, sem nenhuma penalidade.

Ambas as opções costumam ser utilizadas em situações em que o comprador não teve a oportunidade prévia de visitar o imóvel *in loco* ou, ainda, quando o imóvel objeto da negociação está pendente de reforma ou de conclusão.

A venda a contento está prevista no art. 509 do Código Civil: "A venda feita a contento do comprador entende-se realizada sob condição suspensiva, ainda que a coisa lhe tenha sido entregue; e não se reputará perfeita, enquanto o adquirente não manifestar seu agrado" (Brasil, 2002).

Uma diferença importante entre a venda a contento e a venda sujeita a prova é que, na segunda opção, se houver a recusa por parte do comprador, este deverá justificar a ausência das qualidades ou das descrições apresentadas pelo vendedor para efetivar a recusa, que poderá ser questionada pela parte vendedora.

Todavia, após o recebimento da coisa e não havendo manifestação do comprador acerca do aceite e aperfeiçoamento da tradição, o vendedor poderá notificá-lo para que, em prazo improrrogável, se manifeste. Essa possibilidade é decorrente do art. 512 do Código Civil: "Não havendo prazo estipulado para a declaração do comprador, o vendedor terá direito de intimá-lo, judicial ou extrajudicialmente, para que o faça em prazo improrrogável" (Brasil, 2002).

Outorga uxória

A outorga uxória é a concordância que um cônjuge dá para que o outro possa fazer um negócio imobiliário que possa resultar em qualquer tipo de risco ao patrimônio familiar.

O primeiro ponto que merece destaque é que a outorga uxória é necessária somente quando o bem em questão pertencer a apenas um dos cônjuges, podendo, contudo, ser objeto futuro de meação e integrar o patrimônio familiar.

Dito isso, podemos conceituar a outorga uxória como procedimento por meio do qual, na realização de negócio imobiliário pertencente unicamente a um dos cônjuges, é necessária a anuência do outro cônjuge, sempre que essa negociação tiver potencial de atingir o patrimônio matrimonial ou familiar, ainda que em condição futura.

Portanto, trata-se de uma concordância do cônjuge, por meio de sua anuência, sempre que exigida por lei, sob pena de possível nulidade do ato jurídico.

O rol taxativo referente à necessidade de outorga uxória consta no art. 1.647 do Código Civil:

> Art. 1.647. Ressalvado o disposto no art. 1.648, nenhum dos cônjuges pode, sem autorização do outro, exceto no regime da separação absoluta:
>
> I – alienar ou gravar de ônus real os bens imóveis;
>
> II – pleitear, como autor ou réu, acerca desses bens ou direitos;
>
> III – prestar fiança ou aval;
>
> IV – fazer doação, não sendo remuneratória, de bens comuns, ou dos que possam integrar futura meação.
> (Brasil, 2002)

Em outras palavras, sempre que um dos cônjuges quiser dispor de seu patrimônio para alienar, gravar ônus real, pleitear, como autor ou réu, sobre direito real, prestar fiança ou aval ou fazer doação de bens que possam ser fruto de futura meação, deverá obrigatoriamente constar outorga uxória do cônjuge. Fazemos um destaque especial ao inciso II do art. 1.647 do Código Civil, que prevê a possibilidade de "pleitear, como autor ou réu, acerca desses bens ou direitos". O aprofundamento desse inciso veio com o advento da Lei n. 13.105, de 16 de março de 2015, o Código de Processo Civil (CPC), em seu art. 73:

> Art. 73. O cônjuge necessitará do consentimento do outro para propor ação que verse sobre direito real imobiliário, salvo quando casados sob o regime de separação absoluta de bens.
>
> § 1º Ambos os cônjuges serão necessariamente citados para a ação:
>
> I – que verse sobre direito real imobiliário, salvo quando casados sob o regime de separação absoluta de bens;
>
> II – resultante de fato que diga respeito a ambos os cônjuges ou de ato praticado por eles;
>
> III – fundada em dívida contraída por um dos cônjuges a bem da família;
>
> IV – que tenha por objeto o reconhecimento, a constituição ou a extinção de ônus sobre imóvel de um ou de ambos os cônjuges.
>
> § 2º Nas ações possessórias, a participação do cônjuge do autor ou do réu somente é indispensável nas hipóteses de compose ou de ato por ambos praticado.
>
> § 3º Aplica-se o disposto neste artigo à união estável comprovada nos autos. (Brasil, 2015b)

Em regra, sempre que for pleiteado judicialmente sob direitos reais, o cônjuge deverá obter a outorga uxória, e o que está disposto no parágrafo 3º do art. 73 do CPC estendeu essa obrigatoriedade àqueles que tenham união estável devidamente registrada. Apesar do protecionismo apresentado pelo art. 73, devemos destacar a existência de uma exceção: quando se tratar de imóvel empresarial (integrado ao patrimônio da empresa), independentemente do regime matrimonial dos cônjuges, e um deles estiver investido no poder de administração da empresa. Nesse caso, o art. 978 do Código Civil prevê expressamente a dispensa da outorga uxória: "O empresário casado pode, sem necessidade de outorga conjugal, qualquer que seja o regime de bens, alienar os imóveis que integrem o patrimônio da empresa ou gravá-los de ônus real" (Brasil, 2002).

Além da exceção prevista no art. 978 do Código Civil, será válida a observação acerca da dispensa da outorga uxória quando se tratar de cessão de posse, invocando-se novamente o debate acerca da caracterização da posse como um direito real ou não.

Nesse sentido, temos o posicionamento jurisprudencial pela não necessidade da outorga do cônjuge quando se tratar de contrato de cessão de posse:

APELAÇÃO CÍVEL – AÇÃO DECLARATÓRIA DE NULIDADE DE NEGÓCIO JURÍDICO – ALEGADA AUSÊNCIA DE OUTORGA UXÓRIA DA CÔNJUGE VAROA – PRETENSÃO DE ANULAÇÃO DO NEGÓCIO – COMPROMISSO DE COMPRA E VENDA – DIREITO POSSESSÓRIOS – DESNECESSIDADE DE OUTORGA UXÓRIA – INAPLICABILIDADE DO ART. 1.647, I DO CÓDIGO CIVIL – SENTENÇA MANTIDA – RECURSO CONHECIDO E DESPROVIDO.

"(...) Ausente pressuposto essencial, ou seja, compromisso de compra e venda legalmente modelado, irretratável e quitado. **Desnecessária a outorga uxória para fins de cessão de direitos de posse, pois esta não constitui direito real, porque ausente no rol previsto no artigo 1.225 do Código Civil (...)**". (TJRS, 2018b, grifo nosso)

2.5 Due diligence

Due diligence (em português, "devida diligência") consiste na análise e verificação detalhadas de todos os requisitos preventivos para que a parte contratante possa obter as informações necessárias para avançar em sua transação imobiliária.

Seu objetivo é mitigar os riscos oriundos de uma transação imobiliária. Muito embora a contratação possa ocorrer por parte dos vendedores, usualmente a solicitação desse tipo de serviço é feita pela parte compradora, que busca uma aquisição segura por meio de uma análise minuciosa da documentação e ainda uma eventual verificação processual das partes e do imóvel.

Vamos exemplificar os documentos pertinentes ao imóvel objeto da transação e que são normalmente objeto de verificação *due diligence*:

» Certidão de ônus atualizada: deve ser solicitada no cartório de registro de imóveis da competente circunscrição ou por serviços *online* (quando disponível para a região), de forma a permitir ao profissional fazer uma varredura na matrícula do imóvel, verificando possíveis penhoras, arrestos, gravames ou indisponibilidades constantes do imóvel.

» Certidão negativa de débitos municipais: ressaltamos que débito de Imposto Predial Territorial Urbano (IPTU) é obrigação *propter rem*, ou seja, acompanha a coisa, por isso é indispensável a análise da certidão de débitos municipais do imóvel por meio de sua identificação fiscal ou inscrição imobiliária.

» Convenção de condomínio e as últimas atas de assembleias (quando for o caso): a convenção de condomínio define o regramento aplicável aos condôminos, divisões e rateios, uso de garagem e demais informações pertinentes aos proprietários; nas atas de assembleias constam os relatos das reuniões condominiais e delas o promitente comprador poderá extrair informações importantes sobre o imóvel que intenta adquirir e até mesmo dos vizinhos.

» Matrícula atualizada: esse documento descreve a "vida" do imóvel, o registro de todos os atos administrativos, como a origem do título aquisitivo (contrato, escritura ou herança), informação sobre edificação, averbação de área construída etc., assim como registros e averbações judiciais, como indisponibilidades e gravames.

Segundo o princípio da concentração dos atos na matrícula, reforçado com a promulgação da Lei n. 14.825, de 20 de março de 2024 (Brasil, 2024), a qual alterou o art. 54 da Lei n. 13.097, de 19 de janeiro de 2015 (Brasil, 2015a), passou a prevalecer o inciso V desse artigo, de forma a garantir a eficácia dos negócios jurídicos relativos aos imóveis em cuja matrícula não exista averbação, mediante decisão judicial, de qualquer tipo de constrição judicial.

Em outras palavras, quando não há qualquer tipo de averbação, indisponibilidade ou constrição da matrícula do imóvel no ato de sua aquisição, existe a presunção de aquisição de boa-fé pela parte compradora.

A seguir, listamos alguns documentos exigidos da parte vendedora e necessários para realização da *due diligence*:

» Certidões dos cartórios judiciais (cível, falência, execução fiscal): servem para verificar processos judiciais em desfavor da parte vendedora, com eventual pedido de indisponibilidade, penhora ou arresto em andamento.

» Certidão trabalhista: caso a parte vendedora seja pessoa jurídica, é necessário checar processos trabalhistas com pedido de indisponibilidade, penhora ou arresto do imóvel objeto da transação.

» Certidão de regularidade ambiental: deve ser obtida na prefeitura municipal, para verificar a existência de processos administrativos em andamento.

» Análise do título aquisitivo: título aquisitivo é o documento sobre a origem da aquisição do imóvel pela parte vendedora, o qual pode ser uma escritura de compra e venda, dação em pagamento, contrato ou por averbação de herança. Cabe ao profissional contratado certificar a regularidade dessa aquisição e o respectivo registro no cartório de registro de imóveis.

» Contrato social: caso a parte vendedora seja pessoa jurídica, o contrato social e a eventual ata de conselho administrativo devem ser analisados para verificar as condições em que pode haver a disponibilidade de ativos da empresa por meio de seus sócios, diretores ou administradores.

» Habite-se ou certificado de vistoria de construção de obra (CVCO): em caso de imóvel novo, primeira aquisição, devem ser analisados documentos de habite-se ou CVCO, emitidos pela prefeitura municipal do domicílio do imóvel.

A relação citada não é terminativa, cabendo ao profissional contratado para a *due diligence* verificar as condições da venda e as particularidades do negócio, como documentos adicionais, dependendo do tipo de negócio ou tipo de imóvel. Por exemplo, para imóveis tombados, devem ser exigidas certidões de regularidade e de transferência de ocupação, entre outros itens.

2.6 Perda da propriedade

Como já afirmamos, o direito de propriedade não é absoluto. Um dos efeitos de sua mitigação é a perda da propriedade, uma vez que o próprio Código Civil brasileiro prevê as possibilidades e as condições desse efeito, que pode ocorrer de forma voluntária ou involuntária.

Essas possibilidades, previstas no art. 1.275 do Código Civil e seus incisos, podem ser por: alienação, renúncia, abandono, perecimento da coisa ou desapropriação.

A **perda da propriedade de forma voluntária** é decorrente do próprio exercício do direito de seu dono, e seus casos estão elencados nos incisos I, II e III do art. 1.275 do Código Civil.

Já a **perda de propriedade de forma involuntária** são casos decorrentes da extinção do direito pelo perecimento da coisa ou por sua desapropriação, respectivamente previstos nos incisos IV e V do art. 1.275 do Código Civil.

Passemos à análise do *caput* e dos incisos do artigo que trata da perda da propriedade:

Art. 1.275. Além das causas consideradas neste Código, perde-se a propriedade:

I – por alienação;

II – pela renúncia;

III – por abandono;

IV – por perecimento da coisa;

V – por desapropriação.

Parágrafo único. Nos casos dos incisos I e II, os efeitos da perda da propriedade imóvel serão subordinados ao registro do título transmissivo ou do ato renunciativo no Registro de Imóveis. (Brasil, 2002)

A **alienação** é o instituto por meio do qual o proprietário transmite seu bem imóvel para terceiro, de forma onerosa ou gratuita, e caracteriza a perda subjetiva do direito.

Pode ser realizada ainda por meio de empréstimos ou financiamento bancário, servindo a propriedade como garantia de seu pagamento, sob pena de sua perda. Nesses casos, há aplicação das disposições e dos regramentos contidos na Lei n. 9.514, de 20 de novembro de 1997 (Brasil, 1997), e suas alterações contidas na Lei n. 14.711, de 30 de outubro de 2023 (Brasil, 2023b).

Nos casos de alienação fiduciária, há um "desmembramento" da propriedade, por meio do qual a instituição financeira passa a ser a titular do direito real sobre a propriedade, cabendo a posse da propriedade ao alienante fiduciário.

Importante constar que, para imóveis de valor superior a 30 salários mínimos, a alienação (fiduciária ou não) deve, obrigatoriamente, observar o registro no cartório de registro de imóveis.

A **renúncia** é um ato jurídico unilateral, em que o proprietário do bem deve renunciar formalmente aos direitos relativos ao imóvel. A formalidade é decorrente da necessidade de escritura pública para o ato da renúncia. Ela não tem um beneficiário, portanto não pode ser feita em favor de terceiros, sob pena de configurar doação.

Feita a renúncia na forma da lei, o imóvel passará a ser *res nullius* (coisa de ninguém). Nessa situação, o Poder Público, por meio do ato de arrecadação, poderá integrar o bem ao seu patrimônio e, após o prazo de três anos, dispor dele ou aliená-lo.

As obrigações decorrentes do imóvel, como o Imposto Predial Territorial Urbano (IPTU) ou o Imposto sobre a Propriedade Territorial Rural (ITR), são devidas pelo proprietário somente até a formalização do ato da renúncia.

Em se tratando de imóvel em sucessão, é possível aos herdeiros realizar o ato de perda da propriedade por renúncia por meio de escritura pública ou mediante pedido de termo a ser lavrado nos autos do processo de sucessão e, posteriormente, levado ao registro de imóveis.

Com esse mesmo entendimento, leciona Carlos Roberto Gonçalves (2017, p. 179): "Também a renúncia à sucessão aberta deve constar expressamente de instrumento público ou ser tomada por termo nos autos, conforme dispõe o art. 1.806 do mesmo diploma".

Por sua vez, o **abandono** é o ato pelo qual o proprietário, diante do manifesto desinteresse no imóvel, deixa de cuidar dele, demonstrando não haver mais a intenção de mantê-lo ou conservá-lo, resultando na ausência do *animus domini* da coisa.

A propriedade abandonada pode ser objeto de reivindicação de terceiros, por meio da ação própria – usucapião, observando-se os prazos e requisitos legais para cada tipo de imóvel.

O art. 1.276 do Código Civil trata das consequências do abandono do imóvel e prevê que o imóvel abandonado que não esteja na posse de outrem poderá ser arrecado pelo Poder Público e, três anos após sua arrecadação, integrado ao patrimônio do município, estado ou União. Vejamos:

Art. 1.276. O imóvel urbano que o proprietário abandonar, com a intenção de não mais o conservar em seu patrimônio, e que se não encontrar na posse de outrem, poderá ser arrecadado, como bem vago, e passar, três anos depois, à propriedade do Município ou à do Distrito Federal, se se achar nas respectivas circunscrições.

§ 1º O imóvel situado na zona rural, abandonado nas mesmas circunstâncias, poderá ser arrecadado, como bem vago, e passar, três anos depois, à propriedade da União, onde quer que ele se localize.

§ 2º Presumir-se-á de modo absoluto a intenção a que se refere este artigo, quando, cessados os atos de posse, deixar o proprietário de satisfazer os ônus fiscais. (Brasil, 2002)

Com o advento da Lei n. 13.465, de 11 de julho de 2017 (Brasil, 2017), foram instituídos quesitos mais objetivos para caracterizar o abandono além da ausência de cuidado da coisa. Assim, verificado o abandono e o não pagamento dos débitos fiscais oriundos da propriedade por um prazo superior a cinco anos, o bem ficará suscetível à arrecadação do Poder Público.

Tal disposição está no art. 64, parágrafo 1º, da Lei n. 13.465/2017:

Art. 64. Os imóveis urbanos privados abandonados cujos proprietários não possuam a intenção de conservá-los em seu patrimônio ficam sujeitos à arrecadação pelo Município ou pelo Distrito Federal na condição de bem vago.

§ 1º A intenção referida no caput deste artigo será presumida quando o proprietário, cessados os atos de posse sobre o imóvel, não adimplir os ônus fiscais instituídos sobre a propriedade predial e territorial urbana, por cinco anos. (Brasil, 2017)

Já o **perecimento da coisa** é a perda da propriedade de forma involuntária e resultante de uma atividade natural ou humana. Como exemplo, imaginemos uma propriedade localizada em um morro que sofre deslizamento e modificação de sua estrutura física natural.

Outra característica do perecimento decorre da perda das qualidades essenciais ou do valor econômico da propriedade.

Por fim, a **desapropriação** é uma modalidade de perda da propriedade involuntária, podendo ser definida como a transmissão da propriedade do particular para o Poder Público, de forma compulsória e mediante compensação financeira prevista no art. 5º, inciso XXIV, da Constituição Federal (Brasil, 1988a).

Para haver desapropriação, o Poder Público deve comprovar a utilidade ou a necessidade pública, ou ainda o interesse social, como no caso da reforma agrária.

Em caso de desapropriação para reforma agrária, o pagamento da indenização será feito por meio da emissão de títulos da dívida agrária, que será resgatável em 20 anos, excluindo-se desse tipo de pagamento as benfeitorias necessárias e úteis do imóvel.

Em caso de desapropriação, é necessário o uso da coisa. Vejamos a disposição contida no art. 519 do Código Civil:

Art. 519. Se a coisa expropriada para fins de necessidade ou utilidade pública, ou por interesse social, não tiver o destino para que se desapropriou, ou não for utilizada em obras ou serviços públicos, caberá ao expropriado direito de preferência, pelo preço atual da coisa. (Brasil, 2002)

Em outras palavras, em caso de desapropriação que não atinja sua finalidade, o bem imóvel desapropriado será objeto de aquisição pelo ex-proprietário, que terá preferência em adquiri-lo pelo preço da desapropriação atualizado.

O tema da posse é de extrema importância não apenas para o ramo do direito imobiliário, mas também sob a perspectiva socioeconômica, visto que, no cenário brasileiro, mais de 50% dos imóveis são oriundos de posse e padecem de regularização (judicial ou extrajudicial).

A posse tem valor econômico relevante e, diariamente, é objeto de transações mediante contrato particular ou escritura de cessão de direitos possessórios.

Diante desse cenário que atinge aproximadamente metade da sociedade brasileira, é preciso um olhar crítico, com atuação conjunta dos Poderes Legislativo e Judiciário e dos operadores do direito, para que sejam alçadas soluções práticas e efetivas, objetivando a continuidade da desjudicialização de questões relacionadas à regularização da posse.

Não obstante a questão social, a posse tem grande relevância no universo jurídico-processual brasileiro, afinal, são diversas ações possessórias, ritos específicos e particulares a serem conhecidos pelos operadores do direito, das quais trataremos neste capítulo.

O instituto da posse

3.1 Conceito de posse, segundo o Código Civil

Em nosso entendimento, a posse pode ser conceituada como o poder de fato sobre a coisa, em que o possuidor atua com o *animus* de proprietário. A diferença entre posse e propriedade é que a propriedade resulta no exercício dos direitos sobre a coisa. Existem duas teorias sobre a posse: a teoria subjetiva e a teoria objetiva. A **teoria subjetiva**, também conhecida como *teoria clássica*, foi apresentada pelo jurista alemão Friedrich Karl von Savigny (1779-1861), para quem a posse pode ocorrer mediante a existência do elemento objetivo, diante do controle físico da coisa, denominado *corpus*, juntamente com o elemento subjetivo, que é a intenção de obter a coisa, chamado *animus*.

Assim, de forma resumida, podemos afirmar que a teoria clássica de Savigny considera que a posse ocorre quando há o domínio físico do bem, juntamente com a vontade e o agir, como se dono fosse.

Proposta pelo jurista alemão Rudolf von Ihering (1818-1892), a **teoria objetiva** exclui a necessidade do *animus* para a existência da posse. Segundo Ihering (2002), o *corpus* que representa o controle físico da coisa supriria a necessidade da intenção de agir como se fosse dono.

O Código Civil brasileiro recepcionou parcialmente a teoria objetiva de Ihering, conforme disposição do art. 1.196: "Considera-se possuidor todo aquele que tem de fato o exercício, pleno ou não, de algum dos poderes inerentes à propriedade" (Brasil, 2002).

A mesma teoria foi recepcionada pelo Superior Tribunal de Justiça (STJ), no Recurso Especial n. 945.055/DF, nas palavras do Ministro Herman Benjamin: "O legislador brasileiro, ao adotar a Teoria Objetiva de Ihering, definiu a posse como o exercício de algum dos poderes inerentes à propriedade (art. 1.196 do CC)" (STJ, 2009).

Maria Helena Diniz (2003, p. 751) faz uma análise abrangente sobre a teoria objetiva da posse:

> Segundo Ihering, a posse é a exteriorização ou visibilidade do domínio, ou seja, a relação exterior intencional existente normalmente entre a pessoa e a coisa, tendo em vista a função econômica desta. O importante é o uso econômico ou destinação econômica do bem, pois qualquer pessoa é capaz de reconhecer a posse pela forma econômica de sua relação exterior com a pessoa. Por exemplo, se virmos alguns materiais junto a uma construção, apesar de ali não se encontrar o possuidor, exercendo poder sobre a coisa, a circunstância das obras e dos materiais indica a existência da posse de alguém.

Em complemento a essa definição, é válida a interpretação hermenêutica dada por Carlos Roberto Gonçalves (2012, p. 43) quanto à teoria de Ihering:

> Para lhering, cuja teoria o nosso direito positivo acolheu, posse é conduta de dono. Sempre que haja o exercício dos poderes de fato, inerentes à propriedade, existe posse, a não ser que alguma norma (como os arts. 1.198 e 1.208, p. ex.) diga que esse exercício configura a detenção e não a posse.

Esses conceitos doutrinários decorrentes da teoria objetiva da posse estão longe de ser uma unanimidade no mundo jurídico. Existe ainda a teoria sociológica da posse, com pouca expressão no cenário atual, segundo a qual a posse vai além do indivíduo, havendo um plano constitucional direcionado à função social da coisa.

3.2 Elementos da posse

O conceito de posse é construído com base em dois elementos inerentes a ela:

1. *Corpus*: o poder ou o exercício físico do possuidor sobre a coisa; e
2. *Animus*: a intenção do possuidor de ter a coisa como se fosse sua.

De acordo com o Código Civil, a posse pode ser na modalidade direta ou indireta, como disposto no art. 1.197:

> Art. 1.197. A posse direta, de pessoa que tem a coisa em seu poder, temporariamente, em virtude de direito pessoal, ou real, não anula a indireta, de quem aquela foi havida, podendo o possuidor direto defender a sua posse contra o indireto. (Brasil, 2002)

A **posse direta**, ou **imediata**, decorre do direito real sobre a coisa, ou obrigação, em que o possuidor a obteve por meio de um justo título ou contrato. Podemos citar usufruto, locação, arrendamento e comodato como formas de posse direta, entre outros de natureza jurídica semelhante e que sejam decorrentes de um direito transitório.

Já a **posse indireta**, ou **mediata**, decorre daquele que cede o bem a outrem mediante o exercício do direito temporário de possuir a coisa, tal como locador, arrendador, comodante e nu-proprietário.

É totalmente possível a coexistência da posse direta com a indireta, já que não são impeditivas entre si, uma vez que, na prática, trata-se de cessão e de uso do mesmo bem pelas partes envolvidas, não havendo, assim, um impedimento para atuação conjunta.

Um exemplo da coexistência de posse direta e indireta é a própria relação entre o proprietário e o locatário de um imóvel, em que o locatário tem a posse direta, pois exerce o poder de uso e contato direto com o imóvel, e o proprietário tem a posse indireta, pois é o real dono do imóvel, mas não está em contato direto com ele.

3.2.1 Posse justa e posse injusta

Conforme o art. 1.200 do Código Civil, a **posse justa** é aquela que não decorre de nenhum vício: 1) não foi adquirida por meio de violência, ou seja, por força física ou emocional; 2) de forma clandestina, isto é, por atuação oculta daquele que teve interesse em conhecê-la; 3) de forma precária, originada pelo abuso de confiança daquele que recebeu a coisa provisoriamente, já com conhecimento de sua futura restituição.

Dessa maneira, podemos concluir que a posse justa procede de justo título ou, ainda, quando a boa-fé do possuidor decorre da aquisição em que se ignoram os vícios que impedem a aquisição da coisa.

A respeito dessa definição conceitual, configura-se um embate jurisprudencial diante do fato de que o esbulho não se caracteriza em nenhum dos impedimentos previstos no art. 1.200 do Código Civil. Contudo, o ato de esbulhar coisa alheia (tipificado, aliás, como contravenção penal) deveria, em nossa visão, ser definido como ato de detenção ou ainda como posse injusta, afinal, é oriundo de um ato viciado e carente da manifestação de concordância pelo proprietário da coisa, desprovido, portanto, de qualquer ato de boa-fé.

Como leciona o professor e doutrinador Sílvio de Salvo Venosa (2003, p. 65), "a justiça ou a injustiça é conceito de exame objetivo. Não se confunde com a posse de boa-fé ou de má-fé, que exigem exame subjetivo".

Assim, podemos concluir que a posse justa não só é aquela adquirida sem vícios, mas também a que traz consigo os elementos de legitimidade de sua aquisição, de forma a resultar na presunção de boa-fé.

A **posse injusta**, por sua vez, é obtida por meio de violência, física ou moral, quando decorrente de ameaça que resulte em coação ou, ainda, da falta de causa jurídica que embase sua ocupação.

Essa modalidade de posse não se convalesce em posse justa, havendo impedimento para sua regularidade por meio de usucapião ou de outra ação possessória.

Com esse mesmo entendimento, Benedito Silvério Ribeiro (1992, p. 620) ensina que "a posse injusta não se converte em posse justa, pois a ninguém é dado mudar a causa de sua posse, nem mesmo em razão do tempo, de vez que aquilo vicioso de início não pode validar-se com o decurso do tempo".

Em outras palavras, enquanto houver o ato de violência, a posse permanecerá contaminada e injusta. A cessão da violência, ou do vício na posse, depende da ocorrência legítima da tradição, como no caso do esbulhador que adquire a propriedade mediante pagamento ao proprietário da coisa.

A posse injusta (ocupação) gera também como resultado a chamada *taxa de fruição* devida pelo ocupando ilegítimo. Esse posicionamento se encontra consolidado na jurisprudência, como vemos na Apelação Cível n. 1.0000.22.167069-8/001-MG, cujo relator é o ministro Marcelo Pereira da Silva:

EMENTA: APELAÇÃO CÍVEL – AÇÃO REIVINDI-
CATÓRIA – PROVA DO DOMÍNIO – POSSE INJUS-
TA – INDENIZAÇÃO A TÍTULO DE FRUIÇÃO DO

BEM – POSSIBILIDADE. O Superior Tribunal de Justiça tem jurisprudência consolidada no sentido de que "a ação reivindicatória (art. 1.228 do CC), fundada no direito de sequela, outorga ao proprietário o direito de pleitear a retomada da coisa que se encontra indevidamente nas mãos de terceiro, tendo como requisitos específicos: (i) a prova do domínio da coisa reivindicanda; (ii) a individualização do bem; e (iii) a comprovação da posse injusta (REsp 1152148/SE, DJe 02/09/2013). O conceito de "posse injusta" para fins de análise de pedido reivindicatório não se identifica àquele adotada nas ações possessórias, porquanto, para fins petitórios a posse injusta é aquela meramente desprovida de causa jurídica, que não carece, necessariamente, da demonstração violência, clandestinidade e precariedade. Restando comprovado nos autos a posse injusta exercida pelos réus sobre o imóvel de propriedade da autora, deve ser deferida sua imissão na posse. Demonstrada ocupação indevida do imóvel pelos requeridos, é devido o pagamento de indenização a título de fruição do bem, tendo como parâmetro o valor locatício médio de mercado ao tempo em que deveria ter sido desocupado o imóvel, autorizada a compensação com valores devidos pela autora. (TJMG, 2023b)

O embasamento legal do conceito apresentado nessa apelação cível é regido pela disposição do art. 1.208 do Código Civil: "Não induzem posse os atos de mera permissão ou tolerância assim como não autorizam a sua aquisição os atos violentos, ou clandestinos, senão depois de cessar a violência ou clandestinidade" (Brasil, 2002).

Desse modo, além da não conversão da posse injusta em posse justa, o ocupante deve ressarcir ao titular do direito pela fruição do bem e eventuais danos causados quando do irregular exercício da posse.

3.3 Regularização da posse

Nesta seção, abordaremos as formas de regularização da posse justa, que, por consequência, atingirá o *status* de propriedade.

Importante destacar que, por vezes, a posse se mostra juridicamente injusta, sendo, contudo, decorrente de um ato legítimo. O exemplo a seguir ilustrará a explicação.

Consideremos que João adquiriu imóvel de Maria e, diante da condição de pagamento parcelado, pactuaram contrato particular de compra e venda. Decorrido o prazo e efetuados os pagamentos, João obteve declaração de quitação dos pagamentos e, alguns meses depois, procurou Maria para que lhe fosse outorgada escritura pública a ser levada ao registro de imóveis.

Ocorre que Maria faleceu e, agora, João necessita realizar um procedimento (judicial ou extrajudicial) para que lhe seja outorgada escritura a ser registrada na matrícula.

Nesse caso, João poderá ingressar com uma ação de adjudicação compulsória, prevista no art. 1.418 do Código Civil, que é a primeira forma de regularização da posse a ser estudada. Vejamos o conteúdo do dispositivo:

> Art. 1.418. O promitente comprador, titular de direito real, pode exigir do promitente vendedor, ou de terceiros, a quem os direitos deste forem cedidos, a outorga da escritura definitiva de compra e venda, conforme o disposto no instrumento preliminar; e, se houver recusa, requerer ao juiz a adjudicação do imóvel. (Brasil, 2002)

O dispositivo legitima que o promitente comprador (contrato de compra e venda) ou titular de direito real exija do vendedor ou de terceiros (herdeiros) a outorga da escritura pendente.

O Código de Processo Civil (CPC), acertadamente, trata a adjudicação como um ato de expropriação, uma vez que, muito embora o promitente adquirente tenha a legitimidade de pleitear a transmissão da coisa, caso não seja feita de forma voluntária, o ato de adjudicar resulta em uma conduta forçosa, podendo-se concluir que se trata, de fato, de uma expropriação. Essa definição também é dada pelo art. 825 do CPC: "A expropriação consiste em: I – adjudicação; II – alienação; III – apropriação de frutos e rendimentos de empresa ou de estabelecimentos e de outros bens" (Brasil, 2015b).

No caso da adjudicação compulsória, João, na condição de promitente comprador e em posse do contrato e do termo de quitação (detentor do chamado *justo título*), pleiteará em juízo que se intimem os herdeiros para que procedam à outorga da escritura ou, na impossibilidade destes em fazê-lo, que haja o pronunciamento judicial no sentido de determinar ao cartório de registro de imóveis que leve a termo o registro da adjudicação compulsória, expropriando aquela propriedade em favor de João.

Além do caso exemplificado, a adjudicação compulsória poderá ser utilizada também nos seguintes casos: quando houver recusa do vendedor em outorgar a escritura ao comprador e quando houver impossibilidade física ou de localização do vendedor para outorgar a escritura.

É possível ainda ao vendedor e até então proprietário do bem imóvel figurar no polo ativo da ação e pleitear adjudicação compulsória. Esse tipo de situação poderá ocorrer quando o comprador não entregar os documentos ou as informações necessárias para a lavratura da escritura pública, mantendo o então proprietário/vendedor como titular das obrigações inerentes ao imóvel, ainda que na posse do comprador.

Entretanto, em qualquer um dos casos anteriormente exemplificados, a comprovação da aquisição por meio de contrato e o termo de quitação, ou comprovante de pagamento do montante, são condições *sine qua non* para o ingresso dessa via eletiva, conforme posicionamento jurisprudencial:

> Ementa: CIVIL. PROCESSUAL CIVIL. APELAÇÃO CÍVEL. AÇÃO DE ADJUDICAÇÃO COMPULSÓRIA. CERCEAMENTO DE DEFESA. NÃO VERIFICADO. PRELIMINAR REJEITADA. MÉRITO. IMÓVEL PÚBLICO. PROGRAMA HABITACIONAL. ADJUDICAÇÃO COMPULSÓRIA. REQUISITOS. NÃO PREENCHIDOS. USUCAPIÃO. INCABÍVEL. 1. O cerceamento de defesa se caracteriza pela limitação ou tolhimento do direito da parte de exercitar o contraditório ou produzir as provas necessárias ao deslinde da controvérsia estabelecida no processo. 1.1. Em conformidade com os artigos 370 e 371 do CPC, o juiz é o destinatário da prova, cabendo-lhe determinar as diligências imprescindíveis à instrução do processo para formação do seu livre convencimento e indeferir as diligências inúteis ou protelatórias. 1.2. Havendo nos autos elementos suficientes para formar o convencimento do magistrado e restando demonstrado que os documentos encartados no processo se revelam suficientes para dirimir a controvérsia em análise, não há que se falar em cerceamento de defesa ou ofensa ao princípio do contraditório. Precedentes. Preliminar rejeitada. **2. A adjudicação compulsória encontra-se prevista nos artigos 1.417 e 1.418 do Código Civil, caracterizando-se como instituto processual a ser manejado pelo promitente comprador nas hipóteses em que o promitente vendedor se recuse a transferir a propriedade do bem. 2.1. Tal instituto pressupõe a existência de contrato de promessa de compra e venda, exige o pagamento integral do preço acordado entre as partes, bem como demanda recusa do promitente vendedor a conceder ao promitente**

comprador a titularidade do bem. 3. Tratando-se de imóvel público integrante de programa habitacional; tendo sido distribuído originalmente em 28/10/1998 a terceiros; não havendo nos autos justo título capaz de comprovar a intenção dos beneficiários de transferir a propriedade do imóvel (cessão de direitos ou promessa de compra e venda) para o demandante; não havendo ainda provas que apontem o integral pagamento de eventual valor inerente à compra do bem; tampouco havendo demonstração de recusa do promitente vendedor em transferir o título de propriedade do bem, deve ser afastado o pleito de adjudicação compulsória, ante a ausência dos requisitos necessários. 4. As ações de usucapião e de adjudicação compulsória não se excluem, apesar de alcançarem a mesma finalidade. 4.1. O artigo 183, § 3º, da Constituição Federal e o artigo 102 do Código Civil são categóricos ao afirmar que os bens públicos não podem ser usucapidos, independentemente de sua natureza. 5. Recurso conhecido e não provido. Honorários majorados. Suspensa a exigibilidade. (TJDFT, 2024, grifo nosso)

As outras possibilidades de regularização do imóvel objeto de posse são aquelas advindas da usucapião e seus tipos. Na seção seguinte, aprofundaremos a abordagem sobre as ações possessórias de usucapião (tipos), além das ações de defesa da posse.

3.4 Ações possessórias

Ação possessória é instrumento jurídico utilizado para proteger a posse de um bem – móvel, imóvel ou semovente – de violações ou ameaças de terceiros.

Como as ações possessórias são aplicadas no caso de imóveis cujas posses estão sendo debatidas ou reivindicadas, a usucapião é a ação mais comumente conhecida como forma de regularizar a posse de um imóvel, desde que os requisitos legais oriundos da posse aquisitiva sejam preenchidos.

Como já vimos, a aquisição de uma propriedade por meio da ação possessória da usucapião é chamada de *originária*, na qual o detentor da posse pode usufruir do bem, sem, contudo, dispor dele ou aliená-lo, diante da ausência de domínio da propriedade.

Assim, o posseiro que preenche os requisitos legais objetiva, com a ação de usucapião (tipos), converter sua posse mansa e pacífica em domínio, pois somente com o domínio se tem a propriedade, a qual decorre do registro na matrícula do imóvel. O art. 1.241 do Código Civil trata as ações de posse por usucapião como declaratórias:

> Art. 1.241. Poderá o possuidor requerer ao juiz seja declarada adquirida, mediante usucapião, a propriedade imóvel.
>
> Parágrafo único. A declaração obtida na forma deste artigo constituirá título hábil para o registro no Cartório de Registro de Imóveis. (Brasil, 2002)

Passaremos a analisar os principais tipos de usucapião, seus requisitos, impedimentos e previsão legal.

Usucapião ordinária

Essa modalidade está prevista no art. 1.242 do Código Civil, com a seguinte redação:

> Art. 1.242. Adquire também a propriedade do imóvel aquele que, contínua e incontestadamente, com justo título e boa-fé, o possuir por dez anos.

Parágrafo único. Será de cinco anos o prazo previsto neste artigo se o imóvel houver sido adquirido, onerosamente, com base no registro constante do respectivo cartório, cancelada posteriormente, desde que os possuidores nele tiverem estabelecido a sua moradia, ou realizado investimentos de interesse social e econômico. (Brasil, 2002)

Não apenas para essa modalidade, mas também para todos os tipos de usucapião, o primeiro requisito é que a coisa objeto do pedido seja hábil a ser usucapida, não podendo ser objeto de usucapião as coisas que se encontram fora do comércio.

No *caput* do art. 1.242 estão indicados os requisitos para o ingresso da usucapião ordinária: posse contínua, sem interrupção ou em favor de terceiros ao longo dos anos, e incontestada, que não tenha sido objeto de arguição de esbulho ou reintegração de posse.

Outro requisito dessa modalidade é o justo título e a boa-fé, ou seja, o possuidor deve apresentar, no ato do ingresso da ação, o contrato ou a escritura de cessão de direitos possessórios que originam o direito invocado.

O final do *caput* determina que essa posse (contínua e ininterrupta) deve ocorrer pelo período de dez anos.

No entanto, o parágrafo único reduz esse prazo para cinco anos se for demonstrado que a aquisição foi a título oneroso (por pagamento), mediante registro do cartório (ou seja, por meio de uma escritura de cessão de direitos possessórios e todo o seu lastro probante) e posteriormente cancelada. Por fim, também para a redução do prazo pela metade, será necessário que o possuidor comprove ter firmado moradia ou feito investimentos (edificação no local).

Quando ocorre o efeito da redução do prazo da usucapião ordinária para cinco anos, configura-se a chamada *usucapião por posse/trabalho* ou *usucapião tabular*.

Usucapião extraordinária

A usucapião extraordinária apresenta uma menor higidez quanto aos seus requisitos para concessão. Essa modalidade está prevista no art. 1.238 do Código Civil:

> Art. 1.238. Aquele que, por quinze anos, sem interrupção, nem oposição, possuir como seu um imóvel, adquire-lhe a propriedade, independentemente de título e boa-fé; podendo requerer ao juiz que assim o declare por sentença, a qual servirá de título para o registro no Cartório de Registro de Imóveis.
>
> Parágrafo único. O prazo estabelecido neste artigo reduzir-se-á a dez anos se o possuidor houver estabelecido no imóvel a sua moradia habitual, ou nele realizado obras ou serviços de caráter produtivo. (Brasil, 2002)

O primeiro ponto a ser destacado é a ausência do justo título ou da boa-fé como requisitos da concessão. Em outras palavras, o possuidor não precisa apresentar um contrato de cessão de posse, escritura de direitos possessórios ou outra forma de aquisição, bem como não precisa comprovar que o imóvel usucapiendo não é objeto de ocupação irregular.

O prazo dado pelo artigo de forma inicial é de 15 anos, porém o parágrafo único traz a possibilidade de redução desse prazo para dez anos, quando o possuidor comprovar ter feito do imóvel sua moradia e ter feito nele edificação ou serviços de caráter produtivo, como plantação ou criação de animais.

Assim como no caso da usucapião ordinária, essa modalidade de usucapião extraordinária apresentada pelo parágrafo único é a chamada *usucapião por posse/trabalho* ou *usucapião tabular*.

Usucapião especial rural

A usucapião especial se aplica a imóveis rurais e está prevista no art. 1.239 do Código Civil e no art. 191 da Constituição Federal.

> Art. 1.239. Aquele que, não sendo proprietário de imóvel rural ou urbano, possua como sua, por cinco anos ininterruptos, sem oposição, área de terra em zona rural não superior a cinquenta hectares, tornando-a produtiva por seu trabalho ou de sua família, tendo nela sua moradia, adquirir-lhe-á a propriedade. (Brasil, 2002)
>
> Art. 191. Aquele que, não sendo proprietário de imóvel rural ou urbano, possua como seu, por cinco anos ininterruptos, sem oposição, área de terra, em zona rural, não superior a cinquenta hectares, tornando-a produtiva por seu trabalho ou de sua família, tendo nela sua moradia, adquirir-lhe-á a propriedade.
>
> Parágrafo único. Os imóveis públicos não serão adquiridos por usucapião. (Brasil, 1988a)

O início do *caput* do art. 1.239 do Código Civil e o art. 191 da Constituição Federal informam o principal requisito dessa modalidade – "não ser proprietário de imóvel rural ou urbano", ou seja, o possuidor, ao ingressar com pedido desse tipo de usucapião, deve declarar a inexistência de outros bens imóveis em seu nome.

A área rural que se busca usucapir não pode exceder 50 hectares, ou aproximadamente 500 mil metros quadrados. Além disso, a posse com *animus domini* deve ser por pelo menos cinco anos ininterruptos.

Cumulativamente aos requisitos citados, o possuidor deve provar que o imóvel é utilizado de forma produtiva (formas de agricultura ou pecuária) para o seu trabalho ou de sua família, devendo exercer nele sua moradia.

O parágrafo único do art. 191 da Constituição Federal traz a constatação de que imóveis ou áreas públicas (União, estados e municípios) não podem ser objeto de usucapião.

Usucapião especial urbana

Essa modalidade se aplica exclusivamente a imóveis urbanos, tem como principal requisito a limitação da área a ser usucapida e está prevista no art. 1.240 do Código Civil, no art. 183 da Constituição Federal e, ainda, no art. 9º da Lei n. 10.257, de 10 de julho de 2001 – Estatuto da Cidade.

> Art. 1.240. Aquele que possuir, como sua, área urbana de até duzentos e cinquenta metros quadrados, por cinco anos ininterruptamente e sem oposição, utilizando-a para sua moradia ou de sua família, adquirir-lhe-á o domínio, desde que não seja proprietário de outro imóvel urbano ou rural. (Brasil, 2002)
>
> Art. 183. Aquele que possuir como sua área urbana de até duzentos e cinquenta metros quadrados, por cinco anos, ininterruptamente e sem oposição, utilizando-a para sua moradia ou de sua família, adquirir-lhe-á o domínio, desde que não seja proprietário de outro imóvel urbano ou rural.
>
> § 1º O título de domínio e a concessão de uso serão conferidos ao homem ou à mulher, ou a ambos, independentemente do estado civil.
>
> § 2º Esse direito não será reconhecido ao mesmo possuidor mais de uma vez.
>
> § 3º Os imóveis públicos não serão adquiridos por usucapião. (Brasil, 1988a)

Art. 9º Aquele que possuir como sua área ou edificação urbana de até duzentos e cinquenta metros quadrados, por cinco anos, ininterruptamente e sem oposição, utilizando-a para sua moradia ou de sua família, adquirir-lhe-á o domínio, desde que não seja proprietário de outro imóvel urbano ou rural. (Brasil, 2001a)

Tanto o art. 1.240 do Código Civil como o art. 183 da Constituição Federal trazem em seus *caputs* o principal requisito dessa modalidade de usucapião – que sua área não exceda a 250 metros quadrados.

Apesar da limitação territorial, essa modalidade é célere e tem como requisito da posse ininterrupta com *animus domini* o período de cinco anos.

A parte final de ambos os artigos prevê também a impossibilidade de o possuidor que pleiteia em juízo ter outros imóveis em seu nome.

O legislador, no parágrafo 1º do art. 183 da Constituição Federal, deixa expressa a condição igualitária de homens e mulheres, independentemente do estado civil, em pleitear essa modalidade de usucapião.

O parágrafo 2º estabelece a impossibilidade de o mesmo possuidor pleitear esse direito por mais de uma vez. Essa imposição é diferente daquela contida no *caput*, que impede o possuidor de ter mais de um imóvel em seu nome no momento do pedido e no momento da concessão da usucapião. A condição expressa nesse parágrafo impossibilita que o possuidor, independentemente de haver outro imóvel em nome, pleiteie (e obtenha) mais de uma vez essa modalidade de usucapião (Brasil, 1988a).

Usucapião familiar

A usucapião familiar é a modalidade de usucapião destinada à unidade familiar em que um dos ex-cônjuges ou ex-companheiros (em caso de união estável) convivia em imóvel de copropriedade entre si. A previsão legal dessa modalidade está descrita no art. 1.240-A do Código Civil:

> Art. 1.240-A. Aquele que exercer, por 2 (dois) anos ininterruptamente e sem oposição, posse direta, com exclusividade, sobre imóvel urbano de até 250 m² (duzentos e cinquenta metros quadrados) cuja propriedade divida com ex-cônjuge ou ex-companheiro que abandonou o lar, utilizando-o para sua moradia ou de sua família, adquirir-lhe-á o domínio integral, desde que não seja proprietário de outro imóvel urbano ou rural.
>
> § 1º O direito previsto no caput não será reconhecido ao mesmo possuidor mais de uma vez. (Brasil, 2002)

Nessa modalidade, o requisito da posse é interligado à propriedade do bem usucapido. O posseiro deve obter a posse por dois anos ininterruptos, após o abandono do ex-cônjuge, voltada para moradia e sem oposição. A cumulação desses requisitos é necessária para a obtenção da usucapião familiar, conforme entendimento consolidado nos tribunais:

> EMENTA – APELAÇÃO CÍVEL. AÇÃO DE ALIENAÇÃO DE COISA COMUM. USUCAPIÃO FAMILIAR. ABANDONO DO LAR. PRESENÇA DOS REQUISITOS. SEPARAÇÃO DE FATO. DESPESAS DE MANUTENÇÃO E CONSERVAÇÃO DO IMÓVEL SUPORTADAS EXCLUSIVAMENTE PELA APELADA. AUSÊNCIA DE INTERESSE DO APELANTE. SENTENÇA MANTIDA. NEGATIVA DE PROVIMENTO. 1. Tendo o autor se separado de fato da parte

requerida, antes mesmo da homologação do divórcio consensual, afastando-se do convívio familiar e deixando exclusivamente a cargo da ex-cônjuge requerida toda responsabilidade pelas despesas de manutenção e conservação do imóvel comum, sem tomar qualquer medida no sentido de manter seu direito de propriedade sobre o bem, sem sequer efetuar pagamento de tributos, por lapso temporal superior a dois anos, resta configurado o abandono do lar ensejando a aquisição da propriedade pela requerida, na forma da usucapião familiar prevista no art. 1.240-A /CC/02 (introduzido pelo art. 9º, da Lei nº 12.424, de 16/06/2011). 2. Apelação Cível à que se nega provimento, majorando-se os honorários de sucumbência. (TJPR, 2021)

De forma complementar, conforme consta no art. 1.240-A, a propriedade não pode ser superior a 250 metros quadrados e deve ser comprovada a utilização para moradia do cônjuge que remanesceu no bem.

A parte final do artigo indica ainda como requisito a impossibilidade de o possuidor ter outro imóvel urbano ou rural para pleitear essa concessão. Já o parágrafo 1º prevê a impossibilidade de o mesmo possuidor pleitear esse direito por mais de uma vez.

Importante destacar o Enunciado 500 do Conselho da Justiça Federal (CJF), na V Jornada de Direito Civil, em 2012, que traz a seguinte publicação quanto ao conceito familiar: "A modalidade de usucapião prevista no art. 1.240-A do Código Civil pressupõe a propriedade comum do casal e compreende todas as formas de família ou entidades familiares, inclusive homoafetivas" (CJF, 2012, p. 79).

Esse conceito estende a possibilidade de ingresso da usucapião familiar àqueles que estejam em união estável (de fato ou de direito) e aos relacionamentos homoafetivos.

Usucapião extrajudicial

A possibilidade de pedido extrajudicial da usucapião não decorre de uma modalidade específica, mas da inovação apresentada pelo art. 1.071 do CPC, que permite ao possuidor, nos casos em que não há litígio, ingressar com pedido junto no cartório de registro de imóveis da circunscrição:

> Art. 1.071. O Capítulo III do Título V da Lei n. 6.015, de 31 de dezembro de 1973 (Lei de Registros Públicos), passa a vigorar acrescido do seguinte artigo 216-A:
>
> "Art. 216-A. Sem prejuízo da via jurisdicional, é admitido o pedido de reconhecimento extrajudicial da usucapião, que será processado diretamente perante o cartório de registros de imóveis da comarca em que estiver situado o imóvel usucapiendo, a requerimento do interessado [...]". (Brasil, 2015b)

Independentemente da modalidade de usucapião que se busca utilizar e em que pese a determinação legal para processar o pedido no cartório de registro de imóveis, é necessário ao posseiro fazer uma ata notarial de justificação para fins de usucapião no cartório de notas.

O referido documento servirá para constatar a posse, seu período, eventuais antecessores, confrontantes, imagens do imóvel e suas edificações (melhorias), tudo no sentido de preencher os requisitos legais para se processar o pedido de forma extrajudicial.

Como leciona Leonardo Brandelli (2016, p. 74) em seus estudos sobre a usucapião administrativa,

O objeto da Ata Notarial é, portanto, um fato jurídico captado pelo Notário, por intermédio de seus sentidos, e transcrito no documento apropriado; é mera narração de fato verificado, não podendo haver por parte do Notário qualquer alteração, interpretação ou adaptação de fato, ou juízo de valor.

O pedido deve ser apresentado por advogado constituído (ou defensor público), acompanhado da ata notarial e demais documentos inerentes às diversas modalidades de usucapião.

O restante do procedimento correrá inteiramente pelo cartório de registro de imóveis, desde a intimação dos confrontantes ou de eventuais proprietários que constem na matrícula, sendo-lhes concedido o prazo de 15 dias para contestarem o pedido.

De igual forma, e no mesmo prazo, haverá a intimação dos entes públicos para que manifestem seu interesse ou oposição quanto ao imóvel objeto da usucapião.

Por fim, não havendo oposição de eventuais detentores de direitos reais, dos confrontantes ou do ente público, o registrador de imóveis deve publicar, em jornal de grande circulação, o pedido usucapindo, concedendo, assim, prazo de 15 dias para que eventuais terceiros legitimados que possam ser prejudicados apresentem impugnação ao pedido.

Não havendo contestação ou impugnação e estando o procedimento substanciado dos documentos necessários, o registrador de imóveis procederá ao registro na matrícula.

Contudo, havendo contestação por detentor de direito real, confrontantes, ente público ou terceiros legitimados (impugnação), o procedimento será encerrado na forma em que se encontra no cartório de registro de imóveis e remetido ao juízo da comarca competente para ser apreciado.

3.5 Extinção e perda da posse

Passemos a analisar a extinção e a perda da posse com seus efeitos. A previsão legal desses efeitos está prevista nos arts. 1.223 e 1.224 do Código Civil:

> Art. 1.223. Perde-se a posse quando cessa, embora contra a vontade do possuidor, o poder sobre o bem, ao qual se refere o art. 1.196.

> Art. 1.224. Só se considera perdida a posse para quem não presenciou o esbulho, quando, tendo notícia dele, se abstém de retornar a coisa, ou, tentando recuperá-la, é violentamente repelido. (Brasil, 2002)

A redação do art. 1.223 impõe a perda da posse àquele que deixou de ter o domínio de fato sobre a coisa, podendo essa perda ocorrer contra a vontade do possuidor.

Já o art. 1.224 destaca que a perda da posse por esbulho ocorre mediante a inércia do possuidor que, ciente do esbulho, não se opõe de forma a impedi-lo ou a retomar a coisa, ou quando, na tentativa de retomar, foi alvo de violência física.

Essa tentativa de impedimento de perda da posse a que o legislador se refere no art. 1.224 é chamada *desforço imediato*, o qual consiste no ato de imediata legítima defesa da posse, visando impedir o esbulho.

Importante frisar que o desforço imediato deve ocorrer quando do conhecimento do esbulho, não podendo ser em momento posterior, sob pena de seu reconhecimento.

A seguir, elencamos as formas de perda da posse:

» **Abandono**: ocorre quando o possuidor, objetivamente, manifesta sua intenção de abdicar da posse que lhe pertence, tornando-a *res derelicta* (coisa abandonada).

» **Destruição da coisa:** ocorre quando do perecimento da coisa, resultando em sua extinção de forma a impossibilitar o possuidor de exercer sua posse, como em casos de deslizamento de terra da área onde se encontrava a coisa, por exemplo.

» **Tradição:** é decorrente da entrega voluntária da posse a outrem. A tradição pode ocorrer por contrato particular, por escritura de cessão de direitos hereditários, por doação ou por herança.

» **Esbulho:** ocorre quando a posse é objeto de esbulho por outrem.

» **Decisão judicial:** determina a perda da posse, reconhecendo o direito de outrem e resultando na desocupação da coisa.

Com esta seção, encerramos a breve análise sobre a posse, seus efeitos, condições e perda. Devemos ressaltar, porém, que o imóvel objeto de posse é uma realidade da sociedade brasileira e carece de um olhar atento do operador do direito, dos legisladores e do Poder Judiciário em busca de soluções mais ágeis e desburocratizadas.

IV

A incorporação imobiliária é o processo de construção de empreendimentos imobiliários com unidades autônomas que venham a ser registradas em um regime condominial. A incorporação tem por finalidade a realização de venda dessas unidades autônomas de forma antecipada à conclusão ou até mesmo ao início da construção. Esse tema é regido pela Lei n. 4.591, de 21 de dezembro de 1964 (Brasil, 1964), além das atualizações e leis complementares, tais como a Lei do Distrato.

4.1 Contrato de incorporação imobiliária e legislação aplicável

O contrato de incorporação é uma forma de aquisição da propriedade na qual o incorporador adquire a coisa do proprietário com a finalidade de edificar unidades habitacionais ou comerciais autônomas e comercializá-las total ou parcialmente.

A aquisição para incorporação pode ocorrer mediante permuta por área construída (muito usual na atualidade) ou mediante a tradicional compra e venda. Após a aquisição da área/imóvel em que se planeja edificar, o incorporador deve observar o regramento contido na Lei n. 4.591/1964, conhecida como *Lei da Incorporação*.

A definição de *incorporação* e a possibilidade de alienação de suas unidades estão previstas no *caput* do art. 28, parágrafo único, da referida lei:

> Art. 28. As incorporações imobiliárias, em todo o território nacional, reger-se-ão pela presente Lei.
>
> Parágrafo único. Para efeito desta Lei, considera-se incorporação imobiliária a atividade exercida com o intuito de promover e realizar a construção, para alienação total ou parcial, de edificações ou conjunto de edificações compostas de unidades autônomas. (Brasil, 1964)

Ainda conceituando a figura da incorporação e seu principal agente (incorporador), o *caput* do art. 29 da Lei n. 4.591/1964 apresenta a seguinte definição:

> Art. 29. Considera-se incorporador a pessoa física ou jurídica, comerciante ou não, que embora não efetuando a construção, compromisse ou efetive a venda de frações ideais de terreno objetivando a vinculação de tais frações a unidades autônomas, em edificações a serem construídas ou em construção sob regime condominial, ou que meramente aceite propostas para efetivação de tais transações, coordenando e levando a termo a incorporação e responsabilizando-se, conforme o caso, pela entrega, a certo prazo, preço e determinadas condições, das obras concluídas. (Brasil, 1964)

Além de possibilitar que a pessoa física seja incorporador (além da pessoa jurídica), o dispositivo determina também, como cerne para a figura do incorporador, o compromisso ou a venda das unidades, e não sua construção em si, tarefa que pode ser terceirizada.

A parte final do art. 29 conceitua a figura do incorporador como aquele que levará a termo a incorporação e se responsabilizará, conforme o caso, pela entrega do empreendimento concluído, dentro de prazo, preço e condições previamente determinados.

Por fim, vejamos a definição de Melhim Chalhub (2019, p. 7) sobre o tema:

> a expressão incorporação imobiliária tem o significado de mobilizar fatores de produção para construir e vender, durante a construção, unidades imobiliárias em edificações coletivas, envolvendo a arregimentação de pessoas e a articulação de uma série de medidas no sentido de levar a cabo a construção até sua conclusão, com a individualização e discriminação das unidades imobiliárias no Registro de Imóveis.

A alienação em incorporação consiste na possibilidade de o incorporador efetuar a venda antecipada (antes da edificação) das unidades habitacionais a serem construídas. Essa possibilidade ajuda o incorporador a obter os recursos necessários para edificar o empreendimento.

É preciso observar, contudo, todo um regramento e disposições legais impositivas e específicas para que sejam feitas a incorporação e a alienação das unidades.

A primeira etapa a se considerar é o registro do memorial de incorporação na matrícula no registro de imóveis. Para tanto, o incorporador precisa observar os documentos e requisitos contidos no rol taxativo do art. 32 da Lei n. 4.591/1964, quais sejam:

> a) título de propriedade de terreno, ou de promessa, irrevogável e irretratável, de compra e venda ou de cessão de direitos ou de permuta do qual conste cláusula de imissão na posse do imóvel, não haja estipulações

impeditivas de sua alienação em frações ideais e inclua consentimento para demolição e construção, devidamente registrado;

b) certidões negativas de impostos federais, estaduais e municipais, de protesto de títulos de ações cíveis e criminais e de ônus reais relativante ao imóvel, aos alienantes do terreno e ao incorporador;

c) histórico dos títulos de propriedade do imóvel, abrangendo os últimos 20 anos, acompanhado de certidão dos respectivos registros;

d) projeto de construção devidamente aprovado pelas autoridades competentes;

e) cálculo das áreas das edificações, discriminando, além da global, a das partes comuns, e indicando, para cada tipo de unidade a respectiva metragern de área construída;

f) certidão negativa de débito para com a Previdência Social, quando o titular de direitos sobre o terreno for responsável pela arrecadeção das respectivas contribuições;

g) memorial descritivo das especificações da obra projetada, segundo modelo a que se refere o inciso IV, do art. 53, desta Lei;

h) avaliação do custo global da obra, atualizada à data do arquivamento, calculada de acordo com a norma do inciso III, do art. 53 com base nos custos unitários referidos no art. 54, discriminando-se, também, o custo de construção de cada unidade, devidamente autenticada pelo profissional responsável pela obra;

i) instrumento de divisão do terreno em frações ideais autônomas que contenham a sua discriminação e a descrição, a caracterização e a destinação das futuras unidades e partes comuns que a elas acederão;

j) minuta de convenção de condomínio que disciplinará o uso das futuras unidades e partes comuns do conjunto imobiliário;

k) declaração em que se defina a parcela do preço de que trata o inciso II, do art. 39;

l) certidão do instrumento público de mandato, referido no § 1º do artigo 31;

m) declaração expressa em que se fixe, se houver, o prazo de carência (art. 34);

n) (revogada);

o) declaração, acompanhada de plantas elucidativas, sobre o número de veículos que a garagem comporta e os locais destinados à guarda dos mesmos. (Brasil, 1964)

A imposição legal para que se tenha esse registro traz mais segurança (não absoluta) para os adquirentes das unidades habitacionais, visto que obriga o incorporador, antes de vender as unidades, a efetivamente comprovar que detém a propriedade ou os poderes sobre ela, a aprovação do projeto arquitetônico nos órgãos municipais, as certidões negativas da empresa com uma demonstração de sua saúde financeira, além de outros quesitos anteriormente descritos.

Nesse cenário de comprovação dos requisitos prévios para a venda de unidades habitacionais na incorporação, é importante destacar a atuação do registrador de imóveis, que desempenha uma função fiscalizadora.

Nas palavras de Caio Mário da Silva Pereira (1985, p. 269), o papel do registrador imobiliário é relevante:

> O oficial do Registro não funciona como um mero espectador remunerado ou participante passivo do processo de registro da incorporação. Ao revés disso, tem papel importante. É ele quem recebe a documentação, quem

a examina, quem verifica a sua exatidão, quem exige se sanem as falhas, quem levanta dúvida perante o juiz, quem passa as certidões, quem recebe a declaração de desistência, quem apura a sua oportunidade em face do prazo de carência, quem efetua sua averbação. Tudo isso em função de sua investidura, em razão do ofício.

4.1.1 Direito de desistência do incorporador

Como vimos, para se incorporar uma construção, devem ser preenchidos requisitos como demonstração de titularidade da propriedade, aprovação do projeto pelos órgãos municipais, divisão e quantidade de unidades, levantamento do custo da obra e outros que serão devidamente registrados na matrícula do imóvel. Mostramos também que o incorporador poderá comercializar as futuras unidades habitacionais somente após essas etapas.

Contudo, mesmo após o preenchimento desses requisitos, da comprovação de toda a regularidade da obra ou do projeto e de eventual comercialização das unidades, a lei faculta ao incorporador a possibilidade de desistir do empreendimento sem a necessidade de indenizar os compradores.

Essa faculdade está descrita no art. 34 da Lei n. 4.591/1964, com a seguinte redação:

> Art. 34. O incorporador poderá fixar, para efetivação da incorporação, prazo de carência, dentro do qual lhe é lícito desistir do empreendimento.
>
> § 1º A fixação do prazo de carência será feita pela declaração a que se refere a alínea "n", do art. 32 onde se fixem as condições que autorizarão o incorporador a desistir do empreendimento.

§ 2º Em caso algum poderá o prazo de carência ultrapassar o termo final do prazo da validade do registro ou, se for o caso, de sua revalidação.

§ 3º Os documentos preliminares de ajuste, se houver, mencionarão, obrigatoriamente, o prazo de carência, inclusive para efeitos do art. 45.

§ 4º A desistência da incorporação será denunciada, por escrito, ao Registro de Imóveis e comunicada, por escrito, a cada um dos adquirentes ou candidatos à aquisição, sob pena de responsabilidade civil e criminal do incorporador.

§ 5º Será averbada no registro da incorporação a desistência de que trata o parágrafo anterior arquivando-se em cartório o respectivo documento.

§ 6º O prazo de carência é improrrogável. (Brasil, 1964)

O prazo limite previsto no art. 34 não pode exceder 180 dias, contados da data da aprovação do memorial de incorporação no registro de imóveis. O referido prazo deve constar no registro da matrícula, como forma de dar conhecimento e publicidade aos adquirentes.

A ideia do legislador com a inclusão desse direito potestativo ao incorporador foi a de lhe assegurar a condição de lançar o empreendimento e, dentro de um prazo de "resposta do mercado", verificar a real viabilidade daquele empreendimento.

O doutrinador Melhim Chalhub (2016, p. 8) tem a seguinte interpretação sobre o tema:

> esses pressupostos de formação, execução e extinção do contrato de incorporação, que identificam como fonte de alimentação financeira o produto da alienação do seu próprio ativo, explicam e justificam a faculdade legalmente atribuída ao incorporador de valer-se de um

prazo de carência, no qual poderá aquilatar, com razoável grau de precisão, a receptividade do produto ofertado, podendo, então, confirmar ou desistir da realização do empreendimento.

Ocorrendo a desistência da incorporação, ela deve ser formalmente comunicada, via registro de imóveis, a todos os adquirentes das unidades habitacionais. O incorporador deve restituir a integralidade dos valores por ele recebidos, sem, porém, ser obrigado a indenizar os adquirentes pela desistência.

Havendo o decurso do prazo de desistência, o incorporador deve iniciar a fase de construção e assegurar a entrega do empreendimento dentro do prazo previsto no memorial, a qual será fiscalizada pela comissão de representantes. Destacamos que a entrega de fato das unidades se efetiva com a emissão do habite-se e do certificado de conclusão de obra.

4.2 Patrimônio de afetação

O patrimônio de afetação foi instituído pela Medida Provisória n. 2.221, de 4 de setembro de 2001 (Brasil, 2001b), que, posteriormente, foi revogada pela Lei n. 10.931, de 2 de agosto de 20042004, cujo objetivo é reforçar a segurança dos adquirentes, em caso de insolvência, recuperação judicial ou falência do incorporador, ao separar o terreno onde está sendo edificada determinada obra, os direitos e os deveres a eles vinculados, do restante do patrimônio do incorporador (outras obras), constituindo, assim, um instituto de direito real (Brasil, 2004a).

Autor do anteprojeto de lei, Melhim Chalhub, citado por Rocha (2024), defende a existência de quatro pontos essenciais para que se alcance a real efetividade do patrimônio de afetação:

(a) constituição do patrimônio de afetação concomitante ao registro do memorial de incorporação; (b) manutenção de contabilidade separada para cada incorporação; (c) investidura imediata dos adquirentes na administração da incorporação e realização de assembleia geral dos adquirentes para deliberar sobre o destino do patrimônio de afetação; (d) no leilão das unidades não negociadas pelo incorporador, sub-rogando-se o arrematante nos direitos e obrigações de condômino.

Além desses pontos destacados, podemos concluir que o principal objetivo do patrimônio de afetação é a separação do patrimônio geral da incorporadora do patrimônio de determinado empreendimento ou finalidade, conferindo aos adquirentes a segurança de que, independentemente da situação financeira da incorporadora, haverá condições de concluir aquele empreendimento com os próprios ativos oriundos dos recursos de seus compradores.

Tais definições conceituais foram incluídas na Lei n. 4.591/1964, no art. 31 e seguintes. Vejamos como está descrita a imposição com relação à separação do patrimônio de afetação:

Art. 31-A. A critério do incorporador, a incorporação poderá ser submetida ao regime da afetação, pelo qual o terreno e as acessões objeto de incorporação imobiliária, bem como os demais bens e direitos a ela vinculados, **manter-se-ão apartados do patrimônio do incorporador e constituirão patrimônio de afetação**, destinado à consecução da incorporação correspondente e à entrega das unidades imobiliárias aos respectivos adquirentes.

§ 1º O patrimônio de afetação não se comunica com os demais bens, direitos e obrigações do patrimônio geral do incorporador ou de outros patrimônios de afetação por ele constituídos e só responde por dívidas e obrigações vinculadas à incorporação respectiva. (Brasil, 1964, grifo nosso)

Visando auxiliar no entendimento desse instituto, vamos imaginar o seguinte cenário: um mesmo incorporador se investe como responsável por dois empreendimentos distintos, chamados Empreendimento XY e Empreendimento WZ, sendo que apenas este último é dotado de patrimônio de afetação. Uma fatalidade ocorre no Empreendimento XY, que, por um erro de engenharia, vem abaixo, provocando acidentes, danos e prejuízos.

Os adquirentes das unidades do Empreendimento XY recebem comunicado da incorporadora de que a obra não será reerguida e os valores até então pagos não serão restituídos nesse momento, em virtude da impossibilidade financeira da incorporadora.

Os adquirentes ingressam com ação judicial buscando ativos da empresa para serem ressarcidos e localizam o Empreendimento WZ em seu nome, o qual ainda tem unidades a serem vendidas pertencentes à construtora.

Fundamentam, então, ao juízo que, por se tratar de unidades pertencentes à própria incorporadora, essas unidades podem ser objeto de penhora para satisfazer seus credores.

A questão é: O debate a ser realizado contempla a possibilidade desse tipo de constrição?

A resposta é "não". Apesar do legítimo direito perseguido pelos adquirentes do Empreendimento XY, a penhora das unidades (ainda à venda) do Empreendimento WZ, que estão diretamente ligadas ao fluxo de caixa necessário para a conclusão da obra, colocaria a saúde financeira daquele empreendimento em risco, de forma a resultar em uma eventual impossibilidade de conclusão, lesando, portanto, o direito dos adquirentes do Empreendimento WZ, que são protegidos pelo instituto do patrimônio de afetação.

Além disso, conceder esse tipo de constrição violaria a exceção contida no art. 31-A, parágrafo 1º, da Lei n. 4.591/1964, que permite constrições apenas de débitos oriundos da própria incorporação. Contudo, o operador do direito que tenha conhecimento específico do patrimônio de afetação poderá pugnar em juízo pela penhora de valores excedentes ao necessário para a conclusão da obra. Nesse caso, trata-se da interpretação dada pelo art. 31-A, parágrafo 8º, inciso I, da Lei n. 4.591/1964:

Art. 31-A. [...]

§ 8º Excluem-se do patrimônio de afetação:

I – os recursos financeiros que excederem a importância necessária à conclusão da obra (art. 44), considerando-se os valores a receber até sua conclusão e, bem assim, os recursos necessários à quitação de financiamento para a construção, se houver; e [...] (Brasil, 1964)

Em outras palavras, no exemplo que citamos, caso fosse demonstrado que as unidades remanescentes seriam suficientes para concluir o Empreendimento WZ, remanescendo valores (lucro) oriundos da venda dessas unidades, seria possível pedir a penhora/arresto parcial para satisfazer os débitos para os credores do Empreendimento XY.

O exemplo citado simplifica o conceito e a aplicação do instituto do patrimônio de afetação. Vejamos as principais implicações desse instituto na incorporação.

Segundo o art. 31-A, parágrafo 2º, da Lei n. 4.591/1964, o incorporador responderá pelos prejuízos que causar enquanto investido em suas obrigações com o patrimônio de afetação, inclusive com seus bens pessoais.

Apesar de um avanço, o parágrafo citado ainda carece de maior regulação, uma vez que a verificação de eventuais prejuízos causados pelo incorporador ao patrimônio de afetação é feita unicamente pela comissão fiscalizadora, não havendo uma entidade de classe ou sindicato incumbido desse ato.

Como vimos, o patrimônio de afetação é instituto de direito real, sendo, portanto, gravado na matrícula do imóvel. Vejamos, no art. 31-E da Lei n. 4.591/1964, a forma como se opera sua extinção:

> Art. 31-E. O patrimônio de afetação extinguir-se-á pela:
>
> I – averbação da construção, registro dos títulos de domínio ou de direito de aquisição em nome dos respectivos adquirentes e, quando for o caso, extinção das obrigações do incorporador perante a instituição financiadora do empreendimento; [...] (Brasil, 1964)

A extinção do patrimônio de afetação ocorrerá, pois, quando da emissão do habite-se e da eventual baixa na alienação fiduciária ou hipoteca gravada na matrícula, permitindo, assim, a transmissão das frações ideais, já em unidades habitacionais, para os seus adquirentes.

4.3 Permuta por área construída e seus cuidados

A permuta por área construída é aquela em que o permutante terrenista se obriga a transferir a posse e o domínio da área em favor do permutante incorporador, em troca de fração ideal de área construída a lhe ser transferida ao final da edificação.

Atuando na área do direito imobiliário, já nos deparamos, em algumas oportunidades, com clientes envolvidos em casos de permuta por área construída em que o construtor/incorporador não conseguiu recursos para concluir o empreendimento, ou atrasou a entrega da obra, ou vendeu as unidades permutadas para terceiros, além de outras situações.

De igual forma, já vimos incorporadores surpreendidos com áreas permutadas que já haviam sido objeto de outras negociações ou com a impossibilidade quanto à transmissão decorrente da ausência de outorga uxória ou falecimento de um dos permutantes.

Com base nesses cenários já experimentados, temos o posicionamento de que o contrato de permuta de terreno por área construída é muito específico e precisa prever todas as possibilidades decorrentes da operação comercial, além de necessitar ter sua redação sob a égide da Lei n. 4.591/1964, contendo a especificação das obrigações decorrentes da própria construção/incorporação na condição de objeto de permuta. Afinal, as partes se veem em um formato de "sociedade" até a efetiva conclusão do empreendimento e da entrega do que foi prometido.

Nesta seção, vamos elucidar as mais importantes (não exaustivas) possibilidades que devem ser objeto de análise pelas partes contratantes nessa modalidade de negócio imobiliário.

Inicialmente, analisaremos alguns pontos importantes sob a ótica do construtor/incorporador:

a. **Análise documental**: abrange mais precisamente da matrícula, do título aquisitivo e de documentos pessoais do(s) proprietário(s) do imóvel que se pretende permutar. Esse passo tem a finalidade de se observarem eventuais indisponibilidades, penhoras, arrestos, gravames premonitórios ou outros gravames capazes de impedir ou dificultar a execução dos serviços, assim como eventual outorga uxória (matrimonial).

b. **Pré-contrato de permuta**: nele deve haver um prazo preestabelecido para a realização do estudo de viabilidade e aprovação do projeto nos órgãos públicos. Em caso de impossibilidade ou inviabilidade de execução do projeto, as partes voltarão ao *status quo*, sem a necessidade de qualquer tipo de indenização.

c. **Cláusula de poder de exercício**: diante do custo necessário para o estudo de viabilidade, sugerimos ao incorporador/construtor, na elaboração do pré-contrato, a inclusão de uma cláusula de poder de exercício ou de indenização em caso de arrependimento pelo proprietário da área, após a constatação da viabilidade.

d. **Contrato de permuta**: verificada a viabilidade de execução do projeto, o incorporador fará o contrato definitivo de permuta prevendo a forma de pagamento, podendo ser totalmente por meio de fração ideal das áreas que serão permutadas ou permuta com torna de valor. A torna de pagamento em espécie não pode ser superior à permuta por área construída, sob risco de caracterizar compra e venda, modificando questões tributárias e obrigações das partes.

e. **Especificações**: o contrato deve trazer indicação de andar, face, metragem útil, metragem total, tipo de acabamento e eventuais acessórios, prazo de conclusão, responsabilidade com relação a tributos e taxas durante o período de obras, bem como a forma como se operará eventual rescisão.

f. **Averbação do habite-se**: concluído o empreendimento, o incorporador/construtor deve fazer a averbação do habite-se na matrícula e fornecer ao permutante a documentação necessária para requerer a individualização da matrícula das áreas permutadas, quando, mediante a entrega da posse e a transmissão das áreas permutadas, extingue-se a obrigação de permuta das partes.

Já o permutante e proprietário da área deve atentar às seguintes orientações:

a. **Pesquisa prévia**: o primeiro passo é levantar dados sobre o incorporador/construtor que intenta edificar na área permutada, a fim de verificar o lastro financeiro da empresa, ou sua capacidade de construir aquilo a que se propõe. Na esfera judicial, também é importante fazer uma análise de eventuais processos que possam impor risco ao contrato de permuta e, por fim, uma análise de mercado, buscando conhecer empreendimentos já concluídos pela proponente.

b. **Pré-contrato**: é importante prever um prazo específico (sugere-se, no máximo, o prazo de 90 dias) para a resposta por parte do incorporador/construtor para realizar o estudo de viabilidade de execução do projeto na área permutada. Dessa forma, havendo decurso desse prazo, sem apresentação da viabilidade, a parte permutante ficará desobrigada da cláusula de poder de exercício.

c. **Contrato de permuta**: confirmada a viabilidade do projeto, devem ser previstas todas as possíveis ocorrências ao longo da obra, o que implica apresentar a descrição detalhada da área objeto do contrato, a fração ideal correspondente às unidades que serão permutadas, detalhando andar, face, tipo de acabamentos e acessórios. Também devem constar as áreas comuns e acessórios que serão entregues pelo incorporador; a previsão do prazo de conclusão, com a constituição do incorporador em mora mensal em caso de atraso; a obrigação do envio trimestral do cronograma de obra e, em caso de atraso superior a a determinada porcentagem do período estipulado no curso da construção, a constituição em mora do incorporador/construtor; fixação das responsabilidades tributárias do incorporador/construtora, considerando-se sua imissão na posse do imóvel, e da penalidade em caso de inadimplemento; a elaboração de escritura de permuta com cláusula resolutiva a ser averbada, contendo as obrigações já descritas, e o efeito de seu descumprimento, a penalidade de desfazimento do negócio. Em alguns casos, quando o incorporador tenciona obter financiamento de instituição financeira, há vedação por parte do banco quanto à imposição dessa cláusula resolutiva sugerida. Nesses casos, é preciso que as partes pactuem outro tipo de garantia quanto às obrigações assumidas.

d. **Conclusão do empreendimento**: o permutante será emitido na posse das unidades, verificando se elas foram entregues conforme o descritivo constante nos termos do contrato. Em seguida, as unidades serão objeto de individualização da matrícula, passando a integrar o patrimônio do permutante terrenista.

Uma alternativa que as partes podem adotar com relação à escritura de permuta com cláusula resolutiva é a criação de sociedade em conta participação (SCP), uma empresa criada unicamente para a execução do empreendimento em questão, tendo por base a previsão do art. 981 do Código Civil:

> Art. 981. Celebram contrato de sociedade as pessoas que reciprocamente se obrigam a contribuir, com bens ou serviços, para o exercício de atividade econômica e a partilha, entre si, dos resultados.

Parágrafo único. A atividade pode restringir-se à realização de um ou mais negócios determinados. (Brasil, 2002)

Nessa modalidade, o permutante proprietário da área entrará na sociedade como sócio participativo, ou sócio oculto, sobre o qual, via de regra, não recai imposição de responsabilidades, salvo quando comprovado desvirtuamento da pessoa jurídica e seu objeto.

Já o incorporador figurará como sócio ostensivo, aquele a quem caberão as responsabilidades fiscais, trabalhistas, obrigacionais, securitárias e todas as demais oriundas do desenvolvimento da atividade empresarial em questão.

Contudo, fazer uma permuta nos moldes de uma SCP requer acompanhamento profissional com assessoria jurídica especializada, de forma a trazer às partes uma contratação segura e sólida.

Além das observações e possibilidades contratuais indicadas, as partes devem ter em mente a incidência tributária oriunda desse tipo de negociação, dependendo do modelo de negócio adotado.

Dessa maneira, é importante entender como a Receita Federal conceitua a operação de permuta imobiliária. Vejamos a disposição da Instrução Normativa n. 107, de 14 de julho de 1988, a respeito do tema:

Para fins desta instrução normativa, considera-se permuta toda e qualquer operação que tenha por objeto a troca de uma ou mais unidades imobiliárias por outra ou outras unidades, ainda que ocorra, por parte de um dos contratantes o pagamento de parcela complementar em dinheiro aqui denominada torna. (Brasil, 1988b)

Em suma, esses são os cuidados básicos necessários para a concretização desse tipo de negócio jurídico, que, no entanto, sempre requer a assessoria de um profissional da área jurídica.

4.4 Tópicos obrigatórios em contrato

O contrato de loteamento ou de aquisição de imóvel na planta, usualmente, é composto de um quadro-resumo e do contrato principal.

O quadro-resumo é a parte do contrato de compra e venda que contém a síntese objetiva das principais obrigações das partes contratantes, como objeto, preço, forma de pagamento, prazo de entrega do bem e condições da rescisão, entre outras que passaram a ser obrigatórias por força do art. 35-A da Lei n. 4.591/1964, incluído pela Lei n. 13.786, de 27 de dezembro de 2018 (Brasil, 2018).

A lista de itens obrigatórios do quadro-resumo é extensa e decorre diretamente dos incisos do art. 35-A da Lei n. 4.591/1964, que passamos a comentar:

> Art. 35-A. Os contratos de compra e venda, promessa de venda, cessão ou promessa de cessão de unidades autônomas integrantes de incorporação imobiliária serão iniciados por quadro-resumo, que deverá conter:
>
> I – o preço total a ser pago pelo imóvel;
>
> II – o valor da parcela do preço a ser tratada como entrada, a sua forma de pagamento, com destaque para o valor pago à vista, e os seus percentuais sobre o valor total do contrato;
>
> III – o valor referente à corretagem, suas condições de pagamento e a identificação precisa de seu beneficiário;

IV – a forma de pagamento do preço, com indicação clara dos valores e vencimentos das parcelas;
V – os índices de correção monetária aplicáveis ao contrato e, quando houver pluralidade de índices, o período de aplicação de cada um; [...](Brasil, 1964)

No item *preço* devem constar o valor total, o valor da parcela, o índice de correção elegível no contrato e a forma de pagamento, destacando-se o valor pago a título de entrada. Ainda no tocante ao preço, cabe ao incorporador/construtor indicar o valor pago pelo adquirente a título de comissão de corretagem.

Já o inciso VI do mesmo artigo aponta que aspectos relacionados à rescisão do contrato e às consequências oriundas dessa rescisão também devem constar do quadro-resumo. Vejamos:

Art. 35-A. [...]
VI – as consequências do desfazimento do contrato, seja por meio de distrato, seja por meio de resolução contratual motivada por inadimplemento de obrigação do adquirente ou do incorporador, com destaque negritado para as penalidades aplicáveis e para os prazos para devolução de valores ao adquirente; [...] (Brasil, 1964)

A aplicação da multa e a cláusula penal no contrato de compra e venda de imóvel na planta são decorrentes da rescisão do contrato; logo, fazem-se necessárias no quadro-resumo.

Uma vez que a rescisão pode se operar de forma motivada ou de forma imotivada, é preciso que haja a previsão dessa penalidade para o incorporador/construtor, quando de sua mora ou inadimplemento.

Desse modo, o inciso VI do art. 35-A deve ser interpretado em conjunto com o Tema Repetitivo n. 971 do Superior Tribunal de Justiça (STJ), que tem a seguinte redação:

No contrato de adesão firmado entre o comprador e a construtora/incorporadora, havendo previsão de cláusula penal apenas para o inadimplemento do adquirente, deverá ela ser considerada para a fixação da indenização pelo inadimplemento do vendedor. As obrigações heterogêneas (obrigações de fazer e de dar) serão convertidas em dinheiro, por arbitramento judicial. (STJ, 2019c)

A consequência da inobservância desse item no quadro-resumo, em que consta a cláusula penal unicamente ao adquirente, é a possibilidade de inversão da cláusula penal estipulada unicamente para favorecer o vendedor. Esse entendimento foi consolidado por meio do julgamento de recursos repetitivos, como o Recurso Especial n. 1.614.721/DF e o Recurso Especial n. 1.631.485/DF. Neste último, podemos ver o seguinte posicionamento:

O demandante requer a imposição de cláusula penal para as fornecedoras, embora prevista no contrato a multa moratória apenas para o consumidor, em caso de impontualidade. No julgamento do tema repetitivo 971, **o STJ admitiu a possibilidade de inversão da cláusula penal em favor do consumidor**. Esta foi a tese firmada: "No contrato de adesão firmado entre o comprador e a construtora/incorporadora, havendo previsão de cláusula penal apenas para o inadimplemento do adquirente, deverá ela ser considerada para a fixação da indenização pelo inadimplemento do vendedor. As obrigações heterogêneas (obrigações de fazer e de dar) serão convertidas em dinheiro, por arbitramento judicial. (STJ, 2019b, grifo nosso)

Logo, podemos concluir que a inexistência de previsão contratual no quadro-resumo a respeito das condições da rescisão, com ênfase na cláusula penal em desfavor do vendedor, pode resultar na inversão da cláusula penal prevista em desfavor do adquirente.

O inciso VII do art. 35-A da Lei n. 4.591/1964 dispõe sobre a obrigação de descrição dos juros que serão aplicados ao longo do contrato. O período de incidência a que se refere a segunda parte do dispositivo é resultante da política de mercado, que aplica uma espécie de juros no período de construção do empreendimento e outra espécie após a entrega das chaves, por isso ambas devem constar do quadro-resumo: "as taxas de juros eventualmente aplicadas, se mensais ou anuais, se nominais ou efetivas, o seu período de incidência e o sistema de amortização" (Brasil, 1964).

O inciso VIII do art. 35-A da Lei n. 4.591/1964 traz a aplicação *lex tertia* ao combinar a aplicação do art. 49 do Código de Defesa do Consumidor, disposto pela Lei n. 8.078, de 11 de setembro de 1990 (Brasil, 1990), aos contratos imobiliários, em que é cediça ao adquirente a desistência, sem ônus, quando da contratação fora da sede do incorporador/construtor ou do estabelecimento comercial, prevendo ainda a não inclusão dos chamados *estandes* como parte extensiva da empresa.

Art. 35-A. [...]

VII – as informações acerca da possibilidade do exercício, por parte do adquirente do imóvel, do direito de arrependimento previsto no art. 49 da Lei n. 8.078, de 11 de setembro de 1990 (Código de Defesa do Consumidor), em todos os contratos firmados em estandes de vendas e fora da sede do incorporador ou do estabelecimento comercial; [...] (Brasil, 1964)

O inciso IX do art. 35-A da Lei n. 4.591/1964 remete a uma responsabilidade do adquirente quando da conclusão da obra, na quitação das obrigações financeiras, momento em que, usualmente, o saldo remanescente é pago com recursos próprios ou financiamento bancário: "o prazo para quitação das obrigações pelo adquirente após a obtenção do auto de conclusão da obra pelo incorporador; [...]" (Brasil, 1964).

O quadro-resumo deve conter informações sobre eventuais hipotecas, alienações ou outro tipo de garantia real constante da matrícula do imóvel onde estão sendo edificadas as unidades habitacionais, conforme consta no inciso X do referido art. 35-A: "as informações acerca dos ônus que recaiam sobre o imóvel, em especial quando o vinculem como garantia real do financiamento destinado à construção do investimento; [...]" (Brasil, 1964).

Como já apontamos, para poder comercializar as unidades na planta, o incorporador/construtor deve registrar o memorial de incorporação na matrícula do imóvel e no cartório de registro de imóveis. A redação do inciso XI do art. 35-A da Lei n. 4.591/1964 descreve essa obrigatoriedade normativa, agora de forma expressa, indicando que o quadro-resumo deve conter "o número do registro do memorial de incorporação, a matrícula do imóvel e a identificação do cartório de registro de imóveis competente; [...]" (Brasil, 1964).

Já o inciso XII do mesmo artigo, que deve ser interpretado juntamente com o art. 43-A da mesma lei, trouxe a consolidação de um posicionamento jurisprudencial quanto à possibilidade de prorrogação (sem mora) para conclusão da obra, ou obtenção do habite-se pelo construtor/incorporador. Contudo, o prazo de prorrogação não poderá ser superior a 180 dias.

Art. 35-A. [...]

XII – o termo final para obtenção do auto de conclusão da obra (habite-se) e os efeitos contratuais da intempestividade prevista no art. 43-A desta Lei.

[...]

Art. 43-A. A entrega do imóvel em até 180 (cento e oitenta) dias corridos da data estipulada contratualmente como data prevista para conclusão do empreendimento, desde que expressamente pactuado, de forma clara e destacada, não dará causa à resolução do contrato por parte do adquirente nem ensejará o pagamento de qualquer penalidade pelo incorporador. (Brasil, 1964)

O art. 43-A determina que a prorrogação deve constar de forma expressa, clara e destacada, resultando na isenção de qualquer tipo de penalidade ao vendedor em caso de pedido de rescisão ou indenização pela parte compradora. As imposições contidas no art. 35-A da Lei n. 4.591/1964 são obrigatórias e sua inobservância pode resultar na rescisão do contrato (motivada) por parte do consumidor adquirente, quando não aditadas em até 30 dias, conforme consta no parágrafo 1º do referido artigo:

Art. 35-A. [...]

§ 1º Identificada a ausência de quaisquer das informações previstas no caput deste artigo, será concedido prazo de 30 (trinta) dias para aditamento do contrato e saneamento da omissão, findo o qual, essa omissão, se não sanada, caracterizará justa causa para rescisão contratual por parte do adquirente. (Brasil, 1964)

Já o parágrafo 2º do mesmo artigo traduz as condições em que deve se operar a rescisão do contrato. Motivada ou não, a devolução de valores deve ser feita em uma única parcela, no prazo de até 30 dias da assinatura do distrato.

Além disso, a cláusula penal prevista em contrato deve abordar a inadimplência do construtor/incorporador sob pena de se aplicar o Tema Repetitivo n. 971 do STJ (2019c), já citado, resultando na aplicação reversa da penalidade imposta ao consumidor.

> Art. 35-A. [...]
>
> § 2º A efetivação das consequências do desfazimento do contrato, referidas no inciso VI do caput deste artigo, dependerá de anuência prévia e específica do adquirente a seu respeito, mediante assinatura junto a essas cláusulas, que deverão ser redigidas conforme o disposto no § 4º do art. 54 da Lei n. 8.078, de 11 de setembro de 1990 (Código de Defesa do Consumidor). (Brasil, 1964)

A continuidade do art. 43-A prevê, no parágrafo 1º, a mora do incorporador/construtor e seus efeitos, com a possibilidade de rescisão motivada pelo comprador (que não tenha dado causa ao atraso), resultando na devolução integral dos valores pagos, de forma corrigida e acrescida da cláusula penal em seu favor. A soma desses valores deve ser restituída em uma única parcela, no prazo de até 60 dias, como vemos no texto do artigo:

> Art. 43-A. [...]
>
> § 1º Se a entrega do imóvel ultrapassar o prazo estabelecido no caput deste artigo, desde que o adquirente não tenha dado causa ao atraso, poderá ser promovida por este a resolução do contrato, sem prejuízo da devolução da integralidade de todos os valores pagos e da multa estabelecida, em até 60 (sessenta) dias corridos contados da resolução, corrigidos nos termos do § 8º do art. 67-A desta Lei. (Brasil, 1964)

O parágrafo 2º do art. 43-A impõe que, se houver atraso na obrigação de entrega do imóvel superior ao prazo previsto em contrato (180 dias) e caso o comprador não opte pela rescisão, ele deverá ser remunerado em 1% do valor pago, a título indenizatório.

Com base no texto do parágrafo citado, podemos concluir que a indenização só será devida caso haja atraso e o comprador aguarde a conclusão do empreendimento e o recebimento da unidade. Caso opte pela rescisão, deverá ser observado o contido no parágrafo 1º do art. 43-A.

Ainda com relação a esse aspecto, reforçamos a necessidade de observação das construtoras para uma equidade na construção contratual. Imaginemos o seguinte cenário: por um lado, a construtora prevê um contrato com uma multa de 50% do montante pago pelo comprador em caso de desistência por sua culpa; por outro lado, impõe a si mesma uma multa de 10% em caso de inexecução da obra ou atraso superior ao previsto em contrato.

Por óbvio, esse contrato seria desprovido de equidade e poderia, em uma revisão judicial, ter uma modificação do percentual indicado como penalidade para o incorporador/construtor.

Art. 43-A. [...]

§ 2º Na hipótese de a entrega do imóvel estender-se por prazo superior àquele previsto no caput deste artigo, e não se tratar de resolução do contrato, será devida ao adquirente adimplente, por ocasião da entrega da unidade, indenização de 1% (um por cento) do valor efetivamente pago à incorporadora, para cada mês de atraso, *pro rata die*, corrigido monetariamente conforme índice estipulado em contrato. (Brasil, 1964)

O parágrafo 3º do art. 43-A trata da impossibilidade de cumulação das multas previstas em caso de mora e do recebimento da unidade, com a multa de caráter de penalidade para fins de rescisão, com a seguinte redação: "A multa prevista no § 2º deste artigo, referente a mora no cumprimento da obrigação, em hipótese alguma poderá ser cumulada com a multa estabelecida no § 1º deste artigo, que trata da inexecução total da obrigação" (Brasil, 1964).

4.5 Lei do Distrato

A Lei n. 13.786/2018, chamada *Lei do Distrato*, que alterou a Lei n. 4.591/1964 e a Lei n. 6.766/1979, foi instituída após uma enxurrada de ações judiciais nos tribunais de todo o país, diante da ausência de disposição legal específica e com uma jurisprudência ainda em formação sobre as questões abordadas em contratos de venda de imóvel na planta e em loteamento.

Com isso, o legislador observou consumidores que buscavam em juízo discutir as condições dos contratos, como cláusula de rescisão, cláusula penal, lucro cessante e prazo de prorrogação de entrega do imóvel, entre outras.

O intuito da lei, portanto, foi o de melhor regular esse mercado já existente (imóvel na planta e loteamento), mas que se encontra em franca expansão, e o de padronizar a relação contratual entre consumidor e construtora para fins de rescisão motivada, imotivada e por inadimplência.

Passaremos a analisar os principais pontos decorrentes das alterações estabelecidas pela Lei n. 13.786/2018.

4.5.1 Rescisão por desistência do comprador

O art. 67-A da Lei n. 4.591/1964, incluído pela Lei n. 13.786/2018, trata das condições em que se operará a rescisão quando decorrente de culpa da parte compradora.

Art. 67-A. Em caso de desfazimento do contrato celebrado exclusivamente com o incorporador, mediante distrato ou resolução por inadimplemento absoluto de obrigação do adquirente, este fará jus à restituição das quantias que houver pago diretamente ao incorporador, atualizadas com base no índice contratualmente estabelecido para a correção monetária das parcelas do preço do imóvel, delas deduzidas, cumulativamente:

I – a integralidade da comissão de corretagem;

II – a pena convencional, que não poderá exceder a 25% (vinte e cinco por cento) da quantia paga. (Brasil, 1964)

O *caput* do artigo citado, juntamente com os incisos I e II, trouxeram expressamente as condições da rescisão, aperfeiçoando um entendimento já utilizado pelos tribunais e pacificado pelo STJ por meio da Súmula n. 543, Vejamos:

Na hipótese de resolução de contrato de promessa de compra e venda de imóvel submetido ao Código de Defesa do Consumidor, deve ocorrer a imediata restituição das parcelas pagas pelo promitente comprador – integralmente, em caso de culpa exclusiva do promitente vendedor/construtor, ou parcialmente, caso tenha sido o comprador quem deu causa ao desfazimento. (STJ, 2015)

Observemos que a Súmula n. 543 do STJ é omissa quanto ao percentual, assim como é omissa quanto à comissão de corretagem, embora ambos os temas sejam, recorrentemente, debatidos nos tribunais.

Assim, com o advento da Lei n. 13.786/2018 – Lei do Distrato, as incorporadoras/construtoras passaram obrigatoriamente a observar os limites contidos em seu art. 67-A para fins de rescisão, sob pena de nulidade das cláusulas que trouxerem condições abusivas ao comprador. Desse modo, atualmente, limitam-se o percentual de retenção em 25 e o prazo de restituição em até 180 dias, conforme o parágrafo 6º do referido artigo. Quanto ao prazo de pagamento do distrato, o parágrafo 7º do art. 67-A prevê que, ocorrendo a venda da unidade a terceiro, dentro do prazo de 180 dias, haverá uma redução no prazo de pagamento, que deverá ocorrer nos próximos 30 dias.

4.5.2 Rescisão em empreendimento com patrimônio de afetação

Em regra, a retenção nos distratos ocasionados por culpa do comprador será de até 25%, conforme previsto no inciso II do art. 67-A da Lei n. 4.591/1964, incluído pela Lei n. 13.786/2018. Contudo, o legislador inseriu no parágrafo 5º do mesmo artigo a possibilidade de que essa retenção seja elevada até 50 % do valor total pago:

> Art. 67-A. [...]
>
> § 5º Quando a incorporação estiver submetida ao regime do patrimônio de afetação, de que tratam os arts. 31-A a 31-F desta Lei, o incorporador restituirá os valores pagos pelo adquirente, deduzidos os valores descritos neste artigo e atualizados com base no índice contratualmente estabelecido para a correção monetária das parcelas do preço do imóvel, no prazo máximo de 30 (trinta) dias após o habite-se ou documento equivalente expedido pelo órgão público municipal competente, admitindo-se, nessa hipótese, que a pena referida no inciso II do caput deste artigo seja estabelecida até o limite de 50% (cinquenta por cento) da quantia paga. (Brasil, 1964)

Essa majoração do percentual da multa em até 50%, que entendemos excedida, em tese, tem o objetivo de proteger os demais adquirentes para que a obra não sofra interferências significativas em seu fluxo de caixa com a saída de um ou mais dos promitentes compradores das unidades.

Esse entendimento decorre da constituição do patrimônio de afetação, uma vez que aquele empreendimento tem uma "vida própria", alheia aos demais investimentos e recursos do incorporador.

Dessa maneira, essa permissão legislativa objetivou assegurar aos demais adquirentes que, mesmo com a desistência ou a inadimplência involuntária de parte dos compradores, a incorporadora/construtora não teria seu fluxo de caixa atingido de forma a retardar o cumprimento de suas obrigações principais, quando operando a retenção de 50%.

A jurisprudência ainda não está consolidada com relação à abusividade desse percentual. Existe decisão de tribunais estaduais pela redução da multa para 25%, como é o caso do Tribunal de Justiça de São Paulo (TJSP):

> COMPROMISSO DE COMPRA E VENDA. IMÓVEL. Rescisão contratual requerida pelos autores. Possibilidade. Art. 53 do CDC c .c. Súm. 543 e Tema Repetitivo 938 do STJ. Ajuste posterior à Lei nº 13.786/18, com regular instituição de patrimônio de afetação. Retenção fixada em 25% dos valores pagos. Razoabilidade. Hipótese em que é possível a adoção de critério simétrico àquele usado pelo STJ para vínculos antigos no intuito de reduzir a cláusula penal, como qualquer outra, a patamares não abusivos. Incidência do art. 413 do CC. É impossível admitir um direito adquirido ao abuso. A multa/retenção de 50% sempre foi, e continuará sendo, abusiva. Precedentes específicos da Corte e desta Câmara. Honorários majorados. Recurso desprovido. (TJSP, 2023a)

Já o STJ tem um posicionamento mais legalista, pela validade da multa de 50%, como podemos ver a seguir:

> AGRAVO INTERNO NO RECURSO ESPECIAL. DIREITO CIVIL. COMPRA E VENDA DE IMÓVEL. RESCISÃO CONTRATUAL REQUERIDA PELOS ADQUIRENTES. PATRIMÔNIO DE AFETAÇÃO. RETENÇÃO DE 50% DOS VALORES PAGOS. CABIMENTO. AGRAVO INTERNO DESPROVIDO. 1. O STJ firmou entendimento de que, nos contratos oriundos de incorporação submetida ao regime de patrimônio de afetação, como nos casos dos autos, a retenção dos valores pagos pode chegar a 50%, conforme estabelece o art. 67-A, I, e § 5º, da Lei 13.786/2018. 2. Agravo interno a que se nega provimento. (STJ, 2023)

O referido parágrafo 5º estabelece ainda que, nos casos de retenção com patrimônio de afetação, além do percentual, aplica-se um prazo reduzido, em que o comprador deverá receber a quantia paga, deduzida e atualizada em até 30 dias.

4.5.3 Taxa de fruição

O art. 67-A da Lei n. 4.591/1964, incluído pela Lei n. 13.786/2018, determina, no parágrafo 2º, a regulamentação sobre a taxa de fruição, que é o período de ocupação do imóvel (após a entrega) pelo comprador que, por inadimplência ou impossibilidade, necessita efetuar o distrato.

Nesses casos, a lei estabelece que o comprador deve pagar ao incorporador/construtor o percentual de 0,5% do valor atualizado do contrato, do Imposto Predial Territorial Urbano (IPTU), dos impostos de propriedade, da verba condominial e de demais previsões contratuais, em caso de fruição.

Art. 67-A. [...]

§ 2º Em função do período em que teve disponibilizada a unidade imobiliária, responde ainda o adquirente, em caso de resolução ou de distrato, sem prejuízo do disposto no caput e no § 1º deste artigo, pelos seguintes valores:

I – quantias correspondentes aos impostos reais incidentes sobre o imóvel;

II – cotas de condomínio e contribuições devidas a associações de moradores;

III – valor correspondente à fruição do imóvel, equivalente à 0,5% (cinco décimos por cento) [sic] sobre o valor atualizado do contrato, *pro rata die*;

IV – demais encargos incidentes sobre o imóvel e despesas previstas no contrato. (Brasil, 1964)

O inciso IV do parágrafo 2º do referido artigo deixou em aberto ao incorporador/construtor, acrescer despesas e encargos de forma unilateral, o que pode majorar o percentual de retenção nos casos em que se faz a rescisão após o recebimento das chaves, tornando a parte compradora hipossuficiente nesses tipos de contrato.

4.5.4 Possibilidades alternativas de rescisão

Uma inovação positiva da Lei do Distrato foi permitir às partes contratantes proceder à rescisão de formas alternativas. Essas possibilidades estão previstas nos parágrafos 9º e 13º do art. 67-A da Lei n. 4.591/1964, incluído pela Lei n. 13.786/2018.

O parágrafo 9º não traz uma inovação em si, mas regulamenta a possibilidade de cessão do contrato em favor de outro comprador, tendo como único requisito a anuência do incorporador/construtor. Essa possibilidade desobriga aquele comprador que está inadimplente ou que precisa rescindir o contrato de arcar com os ônus contratuais da multa e demais despesas.

Como prática de mercado, os incorporadores/construtores passaram a cobrar uma "taxa de cessão" de até 2% do valor do contrato para validar essa modalidade. Vejamos a disposição do parágrafo 9º:

Art. 67-A. [...]

§ 9º Não incidirá a cláusula penal contratualmente prevista na hipótese de o adquirente que der causa ao desfazimento do contrato encontrar comprador substituto que o sub-rogue nos direitos e obrigações originalmente assumidos, desde que haja a devida anuência do incorporador e a aprovação dos cadastros e da capacidade financeira e econômica do comprador substituto. (Brasil, 1964)

Outra inovação apresentada pela Lei do Distrato é a flexibilização concedida às partes, para que, de comum acordo, possam avençar condições diferentes das previstas em contrato ou na forma da lei.

Dessa maneira, a lei impõe os padrões mínimos a serem observados, permitindo às partes uma eventual pactuação mais equitativa, conforme previsto no parágrafo 13º do referido artigo: "Poderão as partes, em comum acordo, por meio de instrumento específico de distrato, definir condições diferenciadas das previstas nesta Lei" (Brasil, 1964).

Encerramos este capítulo destacando que os temas aqui estudados são os principais pontos alterados pela Lei n. 13.786/2018.

V

Constituição de condomínios

O objetivo do estudo do tema deste capítulo é dar ênfase à área do direito imobiliário sem adentrar nas questões de divisão da coisa como condomínio de proprietário, como nos casos de sucessão, dissolução matrimonial ou outros.

Podemos definir *condomínio* como a fração ideal de uma propriedade, onde coexistem os proprietários dessas frações ideais, com o rateio das despesas e a utilização do bem conforme o fim a que se destina, mediante regramento próprio.

Aplicam-se aos condomínios as disposições contidas na Lei n. 4.591, de 16 de dezembro de 1964 (Brasil, 1964), e nos arts. 1.314 a 1.358 do Código Civil – Lei n. 10.406, de 10 de janeiro de 2002 (Brasil, 2002). Esses artigos abrangem os direitos e as obrigações dos condôminos, o conceito de condomínio, sua constituição e sua extinção.

5.1 Conceito e espécies

No art. 1.314 do Código Civil, estão definidos os direitos dos condôminos e a destinação do condomínio:

Art. 1.314. Cada condômino pode usar da coisa conforme sua destinação, sobre ela exercer todos os direitos compatíveis com a indivisão, reivindicá-la de terceiro, defender a sua posse e alhear a respectiva parte ideal, ou gravá-la.

Parágrafo único. Nenhum dos condôminos pode alterar a destinação da coisa comum, nem dar posse, uso ou gozo dela a estranhos, sem o consenso dos outros. (Brasil, 2002)

O professor Flávio Tartuce (2019, p. 475) apresenta uma definição não apenas mais ampla como também mais complexa acerca do condomínio e dos direitos dos condôminos, chamada *teoria da propriedade total*:

sobre toda a coisa, delimitada naturalmente pelos iguais direitos dos demais consortes; entre todos se distribui a utilidade econômica da coisa; o direito de cada condômino, em face de terceiros, abrange a totalidade dos poderes imanentes ao direito de propriedade; mas, entre os próprios condôminos, o direito de cada um é autolimitado pelo de outro, na medida de suas quotas, para que possível se torne sua coexistência.

Já os requisitos para a constituição de um condomínio são apresentados no art. 1.332 do Código Civil:

Art. 1.332. Institui-se o condomínio edilício por ato entre vivos ou testamento, registrado no Cartório de Registro de Imóveis, devendo constar daquele ato, além do disposto em lei especial:

I – a discriminação e individualização das unidades de propriedade exclusiva, estremadas uma das outras e das partes comuns;

II - a determinação da fração ideal atribuída a cada unidade, relativamente ao terreno e partes comuns;

III - o fim a que as unidades se destinam. (Brasil, 2002)

A constituição por ato entre vivos ou testamento a que se refere o *caput* do art. 1.332 pode decorrer de negócio jurídico, ato administrativo ou decisão judicial.

O condomínio instituído por **negócio jurídico** é aquele que advém da vontade dos consortes e da autonomia dos condôminos que realizaram um negócio bilateral ou plurilateral.

Já o condomínio instituído por **ato administrativo** é aquele decorrente da imposição de órgão público, como no caso da determinação de uma subdivisão de área por parte do Estado.

O condomínio instituído por **decisão judicial** é aquele oriundo de divisão de coisa comum ou de processo de inventário, quando verificados os requisitos do art. 1.327 do Código Civil, sendo chamado de *condomínio necessário*, pois decorre de uma imposição judicial, e não necessariamente da autonomia da vontade dos condôminos.

Independentemente do meio, a instituição de fato do condomínio só ocorrerá quando houver o registro no cartório de registro de imóveis da circunscrição onde se encontra o bem imóvel.

5.2 Unidade autônoma e área comum

A unidade autônoma é aquela pertencente ao condômino, de uso exclusivo, a qual, além do uso e do gozo, permite ao proprietário sua alienação. A previsão da unidade autônoma em condomínio está no art. 1.331 do Código Civil e em seu parágrafo 1º:

Art. 1.331. Pode haver, em edificações, partes que são propriedade exclusiva, e partes que são propriedade comum dos condôminos.

§ 1º As partes suscetíveis de utilização independente, tais como apartamentos, escritórios, salas, lojas e sobrelojas, com as respectivas frações ideais no solo e nas outras partes comuns, sujeitam-se a propriedade exclusiva, podendo ser alienadas e gravadas livremente por seus proprietários, exceto os abrigos para veículos, que não poderão ser alienados ou alugados a pessoas estranhas ao condomínio, salvo autorização expressa na convenção de condomínio. (Brasil, 2002)

A segunda parte do parágrafo 1º do art. 1.331 estabelece ainda a impossibilidade de alienação das vagas de garagem para pessoas estranhas ao condomínio (salvo previsão expressa na convenção de condomínio). Ou seja, é cediça ao proprietário a locação ou a alienação dessa parte da área exclusiva, desde que vinculada ao exercício de moradia no condomínio.

O parágrafo 4º do art. 1.331 da mesma lei traz ainda a imposição de que toda unidade autônoma deve ter acesso livre à rua, saídas e entradas do condomínio, com a seguinte redação: "Nenhuma unidade imobiliária pode ser privada do acesso ao logradouro público" (Brasil, 2002).

Apesar da disposição expressa do art. 1.331 com relação ao uso e gozo pleno da área exclusiva – unidade autônoma, o proprietário, na condição de condômino, deve considerar o uso devido da propriedade de forma harmônica, com a finalidade de um condomínio, ou seja, é preciso observar o regramento de convivência e as condutas do condômino.

São crescentes as decisões judiciais que mitigam o direito de uso (não excluindo os demais) de condôminos que apresentam um comportamento inadequado em relação aos demais moradores ou ainda daqueles que dão destinação adversa à sua unidade autônoma.

A primeira limitação é decorrente da própria lei, no art. 1.336, incisos II, III e IV, os quais impedem o proprietário da unidade autônoma de realizar obras que possam comprometer a segurança do condomínio e, igualmente, de realizar obras ou modificações que resultem na alteração da fachada do condomínio, assim como determinam que é dever do condômino dar à sua unidade a destinação específica (residencial ou comercial), sem que sua utilização resulte na perturbação ou insegurança dos demais moradores. A inobservância desses incisos pode resultar na expulsão do condômino, retirando-lhe o direito de uso da unidade autônoma.

Tal medida é vista como exceção e deve ser apresentada em juízo, por meio da competente ação, corroborada por um lastro probante significativo e incontestável acerca da impossibilidade de manutenção do uso por aquela pessoa, acompanhada também de ata de assembleia em que houve a votação da maioria dos condôminos sobre a expulsão.

Abordaremos esse tema com mais detalhes na próxima seção, que trata dos direitos e obrigações dos condôminos.

Por sua vez, as áreas comuns são aquelas destinadas à utilização por todos os condôminos, cabendo a responsabilidade de conservação de tais áreas ao condomínio. Podemos destacar como áreas comuns elevadores, escadas, corredores, *hall* de entrada, salão de festas e áreas de lazer em geral. O parágrafo 2º do art. 1.331 do Código Civil, além de indicar algumas das áreas comuns mencionadas, refere-se à impossibilidade de sua alienação:

Art. 1.331. [...]

§ 2º O solo, a estrutura do prédio, o telhado, a rede geral de distribuição de água, esgoto, gás e eletricidade, a calefação e refrigeração centrais, e as demais partes comuns, inclusive o acesso ao logradouro público, são utilizados em comum pelos condôminos, não podendo ser alienados separadamente, ou divididos. (Brasil, 2002)

Já o parágrafo 5º do mesmo artigo destaca a utilização do terraço como sendo área comum, voltada a todos os condôminos, salvo disposição em sentido contrário, constante da constituição do condomínio.

Assim, considerando-se que a área comum pertence ao condomínio como um todo, eventuais modificações, reformas e ampliações devem ser aprovadas em assembleia extraordinária, sendo vedado, portanto, que um ou mais condôminos se apropriem das áreas comuns para si ou façam modificações nas nesses espaços sem a aprovação da maioria dos consortes.

5.3 Direitos e obrigações dos condôminos

O art. 1.314 da Lei n. 10.406/2002, relacionado ao uso do bem (privado e comum), dispõe sobre o direito do condômino de defendê-lo de terceiros e sobre a possibilidade de gravar ou alienar a parte destinada à área privativa.

Há ainda previsão quanto ao uso, gozo e alienação das áreas privativas no art. 1.331, parágrafo 1º, da mesma lei.

Quando nos referimos a uso e gozo, estamos tratando da utilização do bem na forma a que ele se destina, seja residencial, seja comercial. Já sua alienação pode ser por meio da locação em favor de terceiros, sendo possível, alienar, a propriedade em favor de instituição financeira.

O parágrafo único do art. 1.314 determina a primeira obrigação do condômino: não alterar a destinação do bem. Portanto, no caso de uso e gozo de um imóvel residencial, não é possível o uso ou a alienação voltada para uso comercial e vice-versa.

Art. 1.314. Cada condômino pode usar da coisa conforme sua destinação, sobre ela exercer todos os direitos compatíveis com a indivisão, reivindicá-la de terceiro, defender a sua posse e alhear a respectiva parte ideal, ou gravá-la.

Parágrafo único. Nenhum dos condôminos pode alterar a destinação da coisa comum, nem dar posse, uso ou gozo dela a estranhos, sem o consenso dos outros.

(Brasil, 2002)

Além de uso, gozo e alienação, são também direitos dos condôminos a utilização das áreas comuns e a participação em votações de deliberações e assembleias, desde que estejam adimplentes com as verbas condominiais. Os votos em assembleia são reservados aos proprietários, sendo possível ao inquilino votar, desde que munido de procuração específica.

O direito de uso das áreas privativa e comum se atrela à obrigação contida no art. 1.315 da Lei n. 10.406/2002, que trata do rateio das despesas condominiais, as quais podem ser ordinárias ou extraordinárias.

As **despesas ordinárias** são aquelas necessárias para o funcionamento da vida condominial, como os custos de energia das áreas comuns, conta de água, despesas necessárias para limpeza do condomínio, entre outras.

Já as **despesas extraordinárias** são aquelas decorrentes de eventos fortuitos, reformas e manutenção, devendo ser aprovadas em assembleia pela maioria dos condôminos.

Assim, independentemente do tipo da despesa condominial, ela deve ser dividida entre os condôminos, calculada com base no método de rateio pela fração ideal de cada unidade ou ainda mediante o rateio por unidade, sem considerar a área de fração ideal, como sugerido pelo parágrafo único do art. 1.315 do Código Civil. A fração ideal é a proporção percentual de cada unidade autônoma em um condomínio em relação à área total do empreendimento.

Art. 1.315. O condômino é obrigado, na proporção de sua parte, a concorrer para as despesas de conservação ou divisão da coisa, e a suportar os ônus a que estiver sujeita.

Parágrafo único. Presumem-se iguais as partes ideais dos condôminos. (Brasil, 2002)

O art. 1.316 da mesma lei traz a possibilidade de renúncia da área de fração ideal pertencente ao condômino como forma de eximir-se do pagamento das despesas condominiais. Nesse caso, a área renunciada passará a integrar o ativo do condomínio e sua destinação será definida pela maioria dos condôminos.

Imaginemos em um cenário hipotético que um condômino não está conseguindo suportar os ônus financeiros oriundos da propriedade, como taxa condominial ou Imposto Predial Territorial Urbano (IPTU). Assim, é possível ao condômino fazer a renúncia da propriedade em favor do condomínio, de forma a se isentar-se do pagamento dessas obrigações.

Uma exceção ao rateio das despesas condominiais ocorre quando se verifica a origem da dívida decorrente da ação exclusiva de um dos condôminos. Por exemplo, quando um condômino destrói acidentalmente o portão de entrada, incide sobre esse morador a obrigação individual de reparar o dano causado, não havendo solidariedade aos demais condôminos, conforme disposição dos arts. 1.317 e 1.319 do Código Civil.

Todavia, havendo a contração de dívida por um dos condôminos, mas que seja necessária e beneficiária aos demais condôminos, este que assumiu exclusivamente o débito tem o direito de entrar com ação de regresso contra os demais. Como exemplo, podemos imaginar que um dos muros do condomínio está em vias de cair, colocando a segurança de todos os moradores em risco. Dessa maneira, diante da inércia do síndico e dos demais condôminos para resolver a situação, o condômino da unidade X faz as obras necessárias às suas expensas. Esse condômino poderá entrar com ação de regresso contra o condomínio visando obter o reembolso das despesas gastas na obra necessária e que beneficiou ao conjunto de moradores.

Entre os deveres dos condôminos, além do rateio das despesas e do zelo pelo patrimônio coletivo, podemos destacar as seguintes normas contidas no art. 1.336 do Código Civil:

Art. 1.336. São deveres do condômino:

I - contribuir para as despesas do condomínio na proporção das suas frações ideais, salvo disposição em contrário na convenção;

II - não realizar obras que comprometam a segurança da edificação;

III - não alterar a forma e a cor da fachada, das partes e esquadrias externas;

IV - dar às suas partes a mesma destinação que tem a edificação, e não as utilizar de maneira prejudicial ao sossego, salubridade e segurança dos possuidores, ou aos bons costumes. (Brasil, 2002)

As contribuições de despesas englobam as ordinárias e as extraordinárias, aprovadas em assembleia, como já citamos.

Sobre obras que não comprometam a segurança da edificação, podemos nos remeter a um exemplo recorrente: a remoção de parede da unidade pelo proprietário. Apesar de fazer parte da área privativa, é preciso que um engenheiro habilitado ateste que a remoção ou a modificação de uma parede (ou outras obras) não afetará a segurança do coletivo. A fachada do condomínio, muito embora composta de parte das unidades autônomas, é considerada área comum, portanto não é permitido ao condômino a alteração da fachada e suas partes.

O primeiro trecho do inciso IV do art. 1.336 da Lei n. 10.406/2002 se refere à utilização a que se destina o imóvel, seja ele residencial, seja ele comercial. A segunda parte do inciso trata da conduta social do condômino e da observação das regras de convivência do chamado *direito de vizinhança*.

Além dos deveres taxativos do art. 1.336, os condôminos devem observar também o regramento usado para gerir a vida social e a administração dentro do condomínio, chamado de *convenção coletiva*.

A instituição da convenção coletiva está prevista no art. 1.333 e, para que tenha seus efeitos vigentes, deve ser aprovada por um quórum mínimo de dois terços dos condôminos.

O parágrafo único do referido dispositivo determina a condição de oposição a terceiros, condicionada à formalidade do registro da convenção coletiva no cartório de registro de imóveis.

Sobre os temas específicos a serem abordados na convenção coletiva, devemos destacar os itens que correspondem aos incisos do art. 1.334 da mesma lei (Brasil, 2002):

1. "a quota (condominial) proporcional e o modo de pagamento das contribuições dos condôminos para atender às despesas ordinárias e extraordinárias do condomínio": devem ser definidas quais despesas terão caráter de ordinárias e quais terão caráter de extraordinárias.

2. "a forma de administração": é preciso definir se o condomínio será gerido por administração própria, por meio de síndico eletivo e seus conselhos, ou se a administração será terceirizada, além de estipular como serão feitas as prestações de contas e com qual periodicidade.

3. "a competência das assembleias, forma de sua convocação e quórum exigido para as deliberações": é necessário observar os limites legais mínimos de condôminos para essas alterações, conforme indicado no art. 1.351 do Código Civil.

4. "as sanções a que estão sujeitos os condôminos, ou possuidores": é preciso definir as multas previstas para infrações cometidas pelos condôminos, seus inquilinos e também usuários do bem.

5. "o regimento interno": deve assumir a função de ser um regramento social, código de conduta dos condôminos.

Em resumo, esses são os direitos e as obrigações daqueles que vivem em um condomínio. Passaremos a analisar as penalidades que podem ser impostas aos que descumprem os deveres estabelecidos por lei e pela convenção coletiva.

5.3.1 Multas e sanções

A inobservância das obrigações pelos condôminos é punível com sanções que vão desde multa pecuniária até o caso extremo de perda do direito de uso. Já abordamos a questão da perda do direito de uso; vejamos agora a aplicação das multas.

Podemos afirmar que existem duas modalidades de multas a serem aplicadas aos condôminos: a primeira decorre da inadimplência das obrigações pecuniárias, e a segunda, da inobservância das demais obrigações que lhes são imputadas por lei e pela convenção coletiva. No primeiro caso, o parágrafo 1º do art. 1.336 do Código Civil prevê a multa resultante do não pagamento das despesas condominiais:

> Art. 1.336. [...]
>
> § 1º O condômino que não pagar a sua contribuição ficará sujeito à correção monetária e aos juros moratórios convencionados ou, não sendo previstos, aos juros estabelecidos no art. 406 deste Código, bem como à multa de até 2% (dois por cento) sobre o débito. (Brasil, 2002)

A aplicação desse dispositivo vem sendo flexibilizada pelo Judiciário ao permitir a aplicação de multa superior (até 10%), desde que expressamente prevista na convenção coletiva ou aprovada em assembleia geral por dois terços dos condôminos.

No que diz respeito à não observação dos deveres e das obrigações dos condôminos, está prevista a aplicação do parágrafo 2º do art. 1.336, com a seguinte redação:

> Art. 1.336. [...]
>
> § 2º O condômino, que não cumprir qualquer dos deveres estabelecidos nos incisos II a IV, pagará a multa prevista no ato constitutivo ou na convenção, não podendo ela ser superior a cinco vezes o valor de suas contribuições mensais, independentemente das perdas e danos que se apurarem; não havendo disposição expressa, caberá à assembleia geral, por dois terços no mínimo dos condôminos restantes, deliberar sobre a cobrança da multa. (Brasil, 2002)

O agente aplicador da multa, representando a pessoa jurídica do condomínio, é o síndico, e essa função está indicada no inciso VII do art. 1.348 da mesma lei: "cobrar dos condôminos as suas contribuições, **bem como impor e cobrar as multas devidas**" (Brasil, 2002, grifo nosso). Nesse artigo também estão dispostas outras atribuições do síndico.

Contudo, para a aplicação das multas, é preciso observar os critérios e os procedimentos preconizados na lei e também na convenção coletiva.

Não há uma determinação legal acerca da necessidade de aplicação de uma advertência verbal ou escrita antes da multa. Todavia, considerando-se a possibilidade de recurso da multa e a observância de sua fundamentação, é recomendado (dependendo do grau da infração) que o condômino que está violando uma regra seja advertido, concedendo-lhe prazo para que não se reitere ou, ainda, para que cesse tal conduta ou ação.

Quando aplicada a advertência, devem ser apresentados ao condômino infrator descrição do ato/ação infracional, histórico fático, data e hora e eventuais testemunhas, tudo constante do livro de ocorrências.

O disposto no parágrafo 2º do art. 1.336 limita a aplicação da multa a até cinco vezes o valor da verba condominial. Entretanto, separam-se do caráter punitivo limitado eventuais perdas e danos causados pela conduta do condômino e que poderão ser cobradas além da multa aplicada.

Direito ao recurso contra multa na esfera administrativa

Observados os limites legais e os procedimentos estabelecidos na convenção coletiva, quando uma multa é aplicada, um prazo de defesa deve ser concedido ao condômino para apresentar suas razões.

Destacamos que a não observância desse prazo de defesa administrativo pode resultar na nulidade da multa por cerceamento de defesa. Havendo no condomínio uma comissão de julgamento, a defesa do condômino deve ser apresentada a essa comissão para uma deliberação sobre a manutenção ou a exclusão da sanção aplicada. A seguir, colecionamos jurisprudência do Tribunal de Justiça de São Paulo (TJSP) em que houve a anulação de multa aplicada pelo condomínio sem observar o direito ao contraditório e à ampla defesa na fase administrativa, como podemos ver a seguir:

APELAÇÃO. DESPESAS DE CONDOMÍNIO. AÇÃO DECLARATÓRIA DE INEXIGIBILIDADE DE MULTA. LEGITIMIDADE ATIVA DO LOCATÁRIO PARA IMPUGNAR A REGULARIDADE DA SUA APLICAÇÃO. RECURSO IMPROVIDO. A legitimidade ativa do locatário é inerente ao exercício da posse sobre o bem imóvel, decorrente do contrato de locação, bem como do pagamento dos boletos que lhe foram encaminhados para pagamento com as multas aplicadas. Ostenta, inegavelmente, a qualidade de condômino e pode questionar penalidades impostas e cobradas juntamente com as taxas condominiais. APELAÇÃO. **DESPESAS DE CONDOMÍNIO. AÇÃO DECLARATÓRIA DE INEXIGIBILIDADE DE MULTA. PRINCÍPIOS DA AMPLA DEFESA E CONTRADITÓRIO QUE DEVEM SER OBSERVADOS NAS RELAÇÕES DE DIREITO PRIVADO. ONERAÇÃO ANTES DA OPORTUNIDADE DE DEFESA PRÉVIA.** INADMISSIBILIDADE. SENTENÇA DE PROCEDÊNCIA MANTIDA. RECURSO IMPROVIDO. A imposição da multa, antes mesmo de oferecer oportunidade de discussão, ofende regras comezinhas de direito. Os princípios do contraditório e da ampla de defesa são basilares em nossa sociedade e devem ser respeitados mesmo nas relações de direito privado. O direito de defesa deve ser prévio e não contemporâneo ou posterior à imposição da penalidade. (TJSP, 2020, grifo nosso)

5.3.2 Obras em áreas comuns

Como já vimos, as áreas comuns pertencem ao coletivo e devem ser objeto de cuidado e manutenção por todos os condôminos. Esses cuidados e manutenção importam na realização de obras ou melhorias, que, assim como as demais questões do condomínio, devem seguir um regramento específico.

Inicialmente, devemos distinguir os três tipos de obras que podem ser feitas: 1) as **voluptuárias**, que são aquelas que tendem a trazer melhorias de uso e gozo às áreas comuns, como a instalação de uma sauna, por exemplo; 2) as **úteis**, que são aquelas que aumentam ou facilitam o uso do bem; 3) as **necessárias ou emergenciais**, como o reparo de um muro que caiu.

Para a aprovação das obras, o síndico ou o conselho do condomínio deve convocar assembleia extraordinária ou aguardar a data da assembleia ordinária (usualmente, anual) para votar a realização das obras. Para as obras voluptuárias, é preciso contar com a aprovação mínima de dois terços dos condomínios e, para as obras necessárias, com a aprovação da maioria simples, ou seja, 50% dos votos mais um.

Em condomínios com muitas unidades autônomas, é de praxe a realização da votação em assembleia por meio de procuração. Nessa oportunidade, o síndico ou um membro do conselho apresenta previamente os itens de pauta da assembleia e coleta os votos, por meio de procuração, daqueles que não poderão comparecer, evitando a impossibilidade de votação de determinado tema.

VI

A alienação fiduciária é um instrumento jurídico que transfere a posse de um bem ao credor como garantia de quitação de uma dívida. A posse e o uso do bem permanecem com o devedor, porém a propriedade permanece com o credor até que a dívida seja quitada.

A alienação fiduciária é empregada no setor imobiliário por meio dos financiamentos bancários, havendo ainda sua utilização no segmento de bens móveis, tais como veículos.

A alienação fiduciária é regulada pela Lei n 9.514, de 20 de novembro de 1997, e suas alterações (Brasil, 1997), conhecida como *Lei da Alienação Fiduciária*.

6.1 Conceito de alienação fiduciária

A Lei n. 9.514/1997 foi instituída para regular o Sistema Financeiro Imobiliário (SFI), por meio da alienação fiduciária de coisa imóvel.

O objetivo primário de sua criação foi oferecer mais segurança e agilidade às instituições financeiras na concessão de empréstimos para aquisição de bem imóvel. A redução dos juros e dos encargos desses empréstimos foi o objetivo secundário, visto que trazem menor risco para a instituição financeira.

Historicamente, a alienação fiduciária decorre do direito romano, como ensina Orlando Gomes (2001, p. 349): "Pela fidúcia *cum creditore*, uma das modalidades do negócio fiduciário romano, o devedor transmitia ao credor o domínio de um bem, que, posteriormente, lhe seria restituído, quando do resgate da dívida".

Antes de tratarmos dos detalhes da lei de alienação, vamos conceituar a operação de alienação fiduciária. Ela é uma concessão de crédito/empréstimo por meio da qual a instituição financeira fiduciária recebe a transferência do bem mediante o domínio resoluto, dado como garantia real do adimplemento da obrigação contraída pelo fiduciante, o qual permanece na posse direta da coisa imóvel.

Ainda segundo Orlando Gomes (2001, p. 351), "em sentido lato, a alienação fiduciária é o negócio jurídico pelo qual uma das partes adquire, em confiança, a propriedade de um bem, obrigando-se a devolvê-la quando se verifique o acontecimento a que se tenha subordinado tal obrigação, ou lhe seja pedida a restituição".

Além do conceito apresentado pela doutrina, há a disposição contida no art. 1.361 do Código Civil: "Considera-se fiduciária a propriedade resolúvel de coisa móvel infungível que o devedor, com escopo de garantia, transfere ao credor" (Brasil, 2002).

Apesar de a alienação fiduciária ser regulamentada pela Lei n. 9.514/1997 (e suas alterações), com o advento do Código Civil de 2002, naquilo que houver omissão da lei especial, serão aplicados os arts. 1.361 ao 1.368-A desse código, que trazem as principais considerações sobre esse tipo de negócio jurídico.

A Lei da Alienação Fiduciária já passou por diversas alterações. Uma das mais relevantes foi a estabelecida pela Lei n. 11.076, de 30 de dezembro de 2004 (Brasil, 2004b), ao retirar a exclusividade do procedimento de alienação fiduciária e seu método de menor risco da centralização anteriormente voltada para entidades do SFI.

Visto o conceito, passemos a analisar a alienação fiduciária como negócio e sua aplicação legal.

6.2 Partes, natureza jurídica e objeto

O negócio jurídico decorrente da alienação fiduciária é um contrato bilateral, oneroso, que tem como partes o devedor fiduciante e o credor fiduciário.

O **devedor fiduciante** pode ser pessoa física ou jurídica, figurando como tomador do crédito que dá um imóvel de sua propriedade em garantia ao pagamento do débito, e permanece na posse direta do bem.

Já o **credor fiduciário** é a instituição financeira que concede o crédito, recebe a transmissão resoluta da propriedade e fica na posse indireta do bem imóvel.

A transmissão resoluta da propriedade é aquela condicionada e que se opera somente em caso de inadimplemento do devedor fiduciário. Ou seja, a transmissão de fato só ocorre mediante a constituição em mora e a ausência de purgação dessa mora, evento chamado de *consolidação da propriedade em favor do credor fiduciário*.

A natureza desse tipo de contrato é acessória e de fidúcia (aquela feita em confiança). Esse conceito é extraído do direito romano, do qual se originaram os contratos de alienação fiduciária.

Sua natureza é acessória porque segue um contrato principal, usualmente de empréstimo, mútuo ou semelhante.

Já o objeto da alienação fiduciária é a realização do negócio jurídico entre as partes, por meio de uma garantia real, que é dada pelo bem imóvel. Sua constituição só vigora e é oponível *erga omnes* após o registro em cartório. Essa imposição decorre do *caput* do art. 23 da Lei n. 9.514/1997: "Constitui-se a propriedade fiduciária de coisa imóvel mediante registro, no competente Registro de Imóveis, do contrato que lhe serve de título" (Brasil, 1997).

De acordo com os ensinamentos de Salomão Resedá e Maria Vitória Resedá (2010, p. 261), "o bem imóvel não será o foco da relação jurídica. Ele servirá como meio garantidor do aporte financeiro desejado, este, sim, o ponto central do negócio jurídico".

Quando da contratação, devem ser observados pela instituição financeira os itens obrigatórios listados no art. 24 da Lei n. 9.514/1997, a serem incluídos no contrato:

Art. 24. [...]

I - o valor da dívida, sua estimação ou seu valor máximo;

II - o prazo e as condições de reposição do empréstimo ou do crédito do fiduciário;

III - a taxa de juros e os encargos incidentes;

IV - a cláusula de constituição da propriedade fiduciária, com a descrição do imóvel objeto da alienação fiduciária e a indicação do título e modo de aquisição;

V - a cláusula que assegure ao fiduciante a livre utilização, por sua conta e risco, do imóvel objeto da alienação fiduciária, exceto a hipótese de inadimplência;

VI. a indicação, para efeito de venda em público leilão, do valor do imóvel e dos critérios para a respectiva revisão;

VII-a cláusula que disponha sobre os procedimentos de que tratam os arts. 26-A, 27 e 27-[acerca de cobrança, mora, purgação da mora, consolidação e leilão da propriedade]. (Brasil, 1997)

Em que pese a importância de todas as cláusulas, dada a imposição legal, destacamos o inciso VII, que deve constar, inclusive, no registro da alienação fiduciária, contendo as condições de cobrança, mora, prazo e preço mínimo para a realização de leilão em caso de não pagamento.

A não observância desses itens pode resultar em nulidade da consolidação da propriedade e até mesmo do leilão extrajudicial.

6.3 Posse e propriedade na alienação fiduciária

Quando o fiduciante procede à operação de alienação fiduciária, há a transmissão da propriedade em favor da instituição fiduciária. Essa transmissão é resoluta, ou seja, ela depende de alguns requisitos para se consolidar de fato em favor da parte credora.

A forma como se opera a transmissão resoluta será abordada com mais detalhes na Seção 6.4, que trata de inadimplência.

Já a posse é exercida sempre pelo fiduciante, porém é uma posse indireta, já que ele se mantém no uso e no gozo do bem, sem, contudo, deter sua propriedade. Esse conceito é apresentado pelo parágrafo 1º do art. 23 da Lei n. 9.514/1997: "Com a constituição da propriedade fiduciária, dá-se o desdobramento da posse, tornando-se o fiduciante possuidor direto e o fiduciário possuidor indireto da coisa imóvel" (Brasil, 1997).

Como reflexo daquele que exerce a posse, os débitos decorrentes do imóvel serão suportados pelo fiduciante, conforme o parágrafo 2º do mesmo dispositivo: "Caberá ao fiduciante a obrigação de arcar com o custo do pagamento do Imposto sobre a Propriedade Predial e Territorial Urbana (IPTU) incidente sobre o bem e das taxas condominiais existentes" (Brasil, 1997).

A propriedade também se resolve mediante o adimplemento integral da obrigação pelo fiduciante, ocasião em que há o cancelamento da alienação fiduciária e a perda da posse indireta pela instituição financeira, conforme disposto no art. 25 da mesma lei: "Com o pagamento da dívida e seus encargos, resolve-se, nos termos deste artigo, a propriedade fiduciária do imóvel" (Brasil, 1997).

Após a quitação do contrato de alienação fiduciária, o credor fiduciante tem um prazo de até 30 dias para fornecer o termo de quitação, que deve ser apresentado no cartório de registro de imóveis para a baixa da alienação.

Destacamos que a recusa ou a demora pelo credor fiduciário no fornecimento do termo de quitação podem ensejar multa de 0,5% do valor do contrato ao mês.

6.4 Inadimplência e consolidação da propriedade

Como visto, os pagamentos são a principal obrigação do devedor fiduciante, na forma e no prazo avençados no contrato de alienação fiduciária.

Vencida a dívida (no todo ou em parte), o credor fiduciário deve intimar pessoalmente o(s) devedor(es) fiduciário(s) para purgar(em) a mora no prazo de 15 dias, salvo se houver disposição expressa de prazo maior.

A intimação deve ocorrer por meio do registro de imóveis da circunscrição do imóvel, ou seja, por meio do registro que detém a competência territorial daquele imóvel. Tais imposições decorrem do art. 26, mais precisamente do parágrafo 3º:

Art. 26. [...]

§ 3º A intimação será feita pessoalmente ao devedor e, se for o caso, ao terceiro fiduciante, que por esse ato serão cientificados de que, se a mora não for purgada no prazo legal, a propriedade será consolidada no patrimônio do credor e o imóvel será levado a leilão nos termos dos arts. 26-A, 27 e 27-A desta Lei, conforme o caso, hipótese em que a intimação poderá ser promovida por solicitação do oficial do registro de imóveis, por oficial de registro de títulos e documentos da comarca da situação do imóvel ou do domicílio de quem deva recebê-la, ou pelo correio, com aviso de recebimento, situação em que se aplica, no que couber, o disposto no art. 160 da Lei nº 6.015, de 31 de dezembro de 1973 (Lei de Registros Públicos). (Brasil, 1997)

Além desse requisito, o endereçamento dessa intimação é de suma importância, visto que a imposição do parágrafo 3º do art. 26 é pela intimação pessoal do devedor. Assim, o envio da intimação para endereço distinto do constante no contrato ou daquele cuja alteração tenha sido comunicada/solicitada no cadastro da instituição financeira culminará na nulidade do procedimento de consolidação.

Cabe à parte fiduciante, em caso de mudança de endereço, comunicar à instituição financeira, sob pena de, não o fazendo, ser tida como válida sua intimação para purgar a mora.

Destacamos ainda o entendimento jurisprudencial quanto à validade da intimação do devedor fiduciário residente em condomínio edilício, como vemos no Recurso de Apelação n. 0047004-38.2021.8.16.0014 do Tribunal de Justiça do Paraná:

DIREITO PROCESSUAL CIVIL. AÇÃO DECLARATÓRIA DE NULIDADE. ALIENAÇÃO FIDUCIÁRIA DE BEM. IMÓVEL. ALEGAÇÃO DE NULIDADE DO PROCEDIMENTO DE EXPROPRIAÇÃO EXTRAJUDICIAL. 1. AUSÊNCIA DE INTIMAÇÃO PESSOAL DOS DEVEDORES ACERCA DA REALIZAÇÃO DO LEILÃO EXTRAJUDICIAL. INOVAÇÃO RECURSAL. 2. CONSTITUIÇÃO EM MORA. VALIDADE DA NOTIFICAÇÃO NA PESSOA DO PORTEIRO DO CONDOMÍNIO EDILÍCIO. HIPÓTESE DO ARTIGO 26, § 3º-B, DA LEI Nº. 9.514/97. 1. Uma vez que o argumento relativo à nulidade da intimação do leilão extrajudicial não foi submetido ao crivo do d. Juiz a quo, é vedado a esta Corte se manifestar a seu respeito, sob pena de supressão de instância. 2. Havendo suspeita motivada de ocultação por parte dos devedores fiduciantes, mostra-se regular a sua notificação para a purga da mora na pessoa do funcionário de condomínio edilício responsável pelo recebimento de correspondências, como autoriza o art. 26, §§ 3º-A e 3º-B, da Lei nº. 9.514/97. APELAÇÃO PARCIALMENTE CONHECIDA E NÃO PROVIDA. (TJPR, 2022)

Outra possibilidade quanto à intimação é fazê-la por meio eletrônico. Contudo, nesse caso, no preâmbulo do contrato de alienação fiduciária devem constar os dados eletrônicos do devedor fiduciante, bem como cláusula contratual de concordância com o recebimento de comunicações e intimações de forma eletrônica.

Com relação à intimação, é válido mencionar a Súmula n. 245 do Superior Tribunal de Justiça (STJ) sobre a descrição do devendo-se observar que cabe ao devedor o ônus de verificar o valor atualizado do débito: "A notificação destinada a comprovar a mora das dívidas garantidas por alienação fiduciária dispensa indicação do valor de débito" (STJ, 2001). Caso não seja purgada a mora no prazo de 15 dias ou em outro estabelecido em contrato, a instituição financeira poderá iniciar o procedimento extrajudicial de consolidação da propriedade. Em outras palavras, a propriedade outrora resoluta passará a ser do credor fiduciário, por meio de um procedimento inteiramente extrajudicial, feito pelo cartório de registro de imóveis.

Para tanto, além da inadimplência e da não purgação da mora, o credor fiduciário deverá recolher as guias de Imposto sobre Transmissão de Bens Imóveis *Inter Vivos* (ITBI) e do Fundo de Reequipamento do Poder Judiciário (Funrejus), solicitando ao cartório de registro de imóveis que proceda à averbação, que deverá ocorrer 30 dias após o prazo de purgação da mora do devedor.

É importante a observação desse prazo de 30 dias pelo registrador, uma vez que o parágrafo 2º do art. 26-A trata da possibilidade de quitação do débito acrescido das despesas administrativas pelo devedor fiduciante, como forma de evitar o procedimento de consolidação da propriedade. O dispositivo tem a seguinte redação:

Art. 26-A. [...]

§ 2º Até a data da averbação da consolidação da propriedade fiduciária, é assegurado ao devedor e, se for o caso, ao terceiro fiduciante pagar as parcelas da dívida vencidas e as despesas de que trata o inciso II do § 3º do art. 27 desta Lei, hipótese em que convalescerá o contrato de alienação fiduciária. (Brasil, 1997)

Não sendo feito o pagamento do débito e de todas as despesas administrativas (incluindo o ITBI), haverá a consolidação da propriedade, seguida de sua averbação e consequente transferência da propriedade.

Depois de concluir o procedimento de consolidação da propriedade, a instituição financeira passará a realizar os leilões extrajudiciais do bem imóvel.

Observemos que todo o trâmite ocorre na esfera extrajudicial, sem intervenção judicial, ou necessidade de representação das partes por advogados. Isso porque o pressuposto de capacidade postulatória não se aplica ao procedimento extrajudicial de alienação fiduciária em caso de inadimplência.

Contudo, não há impedimento para que a parte alienante busque na via judicial uma revisão do contrato de financiamento com garantia de alienação fiduciária ou até mesmo suscite eventual nulidade do processo administrativo de execução, alegando eventual nulidade ou não observância do regramento contido na Lei n. 9.514/1997.

6.5 Leilão extrajudicial

Em caso de inadimplência, o leilão extrajudicial é o último ato da relação oriunda do contrato de alienação fiduciária, porque, muito embora a propriedade já se encontre consolidada (transferida) ao credor fiduciário, a lei traz observações quanto aos direitos de preferência do devedor fiduciante e ao procedimento a ser adotado até a finalização do leilão.

O leilão deve ser promovido pelo credor fiduciário dentro de um prazo mínimo de 60 dias, contados quando da baixa da averbação da consolidação. Esse prazo mínimo é obrigatório e decorre da inteligência do art. 27 da Lei n. 9.514/1997:

Art. 27. Consolidada a propriedade em seu nome, o fiduciário promoverá leilão público para a alienação do imóvel, no prazo de 60 (sessenta) dias, contado da data do registro de que trata o parágrafo 7º do art. 26 desta Lei. (Brasil, 1997)

Para a realização do primeiro leilão extrajudicial, o credor fiduciário deve observar o art. 24, inciso VII, da Lei n. 9.514/1997, que estipula duas possibilidades de valor mínimo para a realização do primeiro leilão: pelo valor constante no contrato de alienação fiduciária e pelo valor indicado do imóvel em sua base fiscal.

Seja qual for o parâmetro utilizado, essa previsão deve constar expressamente em contrato, sob pena de nulidade.

Em caso de arrematação, o credor fiduciário deve prestar contas ao devedor fiduciante. Nesse cálculo, deve ser deduzido o débito remanescente do contrato, adicionadas as despesas cartorárias e de ITBI. No caso de haver saldo positivo, o credor deve fazer o pagamento em favor do devedor fiduciante.

Todavia, caso o valor da arrematação seja inferior à soma dos débitos e despesas necessários para promover a consolidação, o devedor fiduciário poderá permanecer em débito com a instituição financeira. Essa condição é oriunda do art. 27, parágrafo 5-A:

Art. 27. [...]

§ 5º-A Se o produto do leilão não for suficiente para o pagamento integral do montante da dívida, das despesas e dos encargos de que trata o § 3º deste artigo, o devedor continuará obrigado pelo pagamento do saldo remanescente, que poderá ser cobrado por meio de ação de execução e, se for o caso, excussão das demais garantias da dívida. (Brasil, 1997)

Esse dispositivo, no entanto, encontra posicionamento jurisprudencial em sentido contrário, sendo, portanto, passível de discussão judicial:

APELAÇÃO – AÇÃO INDENIZATÓRIA – CONTRATO DE FINANCIAMENTO IMOBILIÁRIO – INADIMPLEMENTO DAS PARCELAS – CONSOLIDAÇÃO DA PROPRIEDADE SEGUIDA DE TENTATIVAS FRUSTRADAS DE VENDA DO BEM EM LEILÃO EXTRAJUDICIAL – ADJUDICAÇÃO COM DECLARAÇÃO DE QUITAÇÃO DA DÍVIDA – SENTENÇA DE IMPROCEDÊNCIA – RECURSO – PRETENSÃO AUTORAL DE PAGAMENTO DA DIFERENÇA ENTRE A AVALIAÇÃO DO IMÓVEL E O VALOR DO DÉBITO – DESCABIMENTO – INTELIGÊNCIA DO ARTIGO 27, §§ 5º E 6º, DA LEI Nº 9.514/97, SEGUNDO O QUAL, **INEXISTENTES LICITANTES NOS LEILÕES EXTRAJUDICIAIS REALIZADOS PELO CREDOR FIDUCIÁRIO, APÓS CONSOLIDAÇÃO DA PROPRIEDADE OCORRIDA EM RAZÃO DA INADIMPLÊNCIA DO DEVEDOR FIDUCIANTE, CONSIDERAR-SE-Á EXTINTA A DÍVIDA, EXONERANDO-SE O FIDUCIANTE DO PAGAMENTO DE EVENTUAL SALDO DEVEDOR REMANESCENTE, MEDIANTE TERMO DE QUITAÇÃO ENTREGUE PELO CREDOR, NÃO HAVENDO QUE SE FALAR EM CRÉDITO PARA QUAISQUER DAS PARTES** – PRECEDENTE DO STJ – SENTENÇA MANTIDA – RECURSO DESPROVIDO. (TJSP, 2021, grifo nosso)

Caso não haja arrematação do imóvel no primeiro leilão, o credor fiduciário deverá promover o segundo leilão, ocasião em que o preço inicial dos lances deverá ser igual ou superior à soma do débito remanescente do devedor fiduciário. Entende-se por *débito* a soma dos valores devidos do contrato de alienação fiduciária e despesas necessárias para consolidação, impostos e verbas condominiais.

Nesse ponto específico, remanesce um constante debate acerca do chamado *preço vil*. Entretanto, é sem razão, já que estamos diante de um procedimento extrajudicial com aplicação de lei específica.

O preço vil está previsto no art. 891 da Lei n. 13.105, de 16 de março de 2015, Código de Processo Civil (CPC):

Art. 891. Não será aceito lance que ofereça preço vil.

Parágrafo único. Considera-se vil o preço inferior ao mínimo estipulado pelo juiz e constante do edital, e, não tendo sido fixado preço mínimo, **considera-se vil o preço inferior a cinquenta por cento do valor da avaliação**. (Brasil, 2015b, grifo nosso)

A segunda parte do dispositivo legal indica o percentual mínimo de 50% do valor da avaliação para fins de preço vil, ou seja, segundo o CPC, nenhum imóvel pode ser penhorado por percentual inferior a 50% de sua avaliação.

Contudo, o regramento aplicado ao leilão extrajudicial segue a Lei n. 9.514/1997, específica da alienação fiduciária, mais precisamente a disposição contida no art. 24, inciso VII, combinado com o art. 27, parágrafo 2º, que traz a seguinte imposição:

Art. 27. [...]

§ 2º No segundo leilão, será aceito o maior lance oferecido, desde que seja igual ou superior ao valor integral da dívida garantida pela alienação fiduciária, das despesas, inclusive emolumentos cartorários, dos prêmios de seguro, dos encargos legais, inclusive tributos, e das contribuições condominiais, podendo, caso não haja lance que alcance referido valor, ser aceito pelo credor fiduciário, a seu exclusivo critério, lance que corresponda a, pelo menos, metade do valor de avaliação do bem. (Brasil, 1997)

Em outras palavras, o segundo leilão deve seguir a disposição contida na Lei da Alienação Fiduciária, que prevê a possibilidade de aceite de lance pelo fiduciário de valor igual ou superior ao valor integral do débito.

A segunda parte do dispositivo prevê ainda a faculdade do fiduciário de aceitar lance que corresponda a pelo menos metade do valor de avaliação do bem. Porém, diferentemente do que ocorre no leilão judicial – que traz a imposição da observância obrigatória do lance vil –, no leilão extrajudicial, é facultado o critério do próprio fiduciário, não havendo, portanto, qualquer nulidade no aceite de lance inferior a 50% do preço de avaliação.

Tanto na ocorrência do primeiro como na do segundo leilão, deve haver a regular intimação do fiduciante, com a indicação das datas e dos valores dos leilões, tendo este a preferência de arrematação sempre pelo valor da dívida, com juros, atualizações, despesas da consolidação, impostos, tributos e taxas.

Art. 27. [...]

§ 2º-B. Após a averbação da consolidação da propriedade fiduciária no patrimônio do credor fiduciário e até a data da realização do segundo leilão, é assegurado ao fiduciante o direito de preferência para adquirir o imóvel por preço correspondente ao valor da dívida, somado às despesas, aos prêmios de seguro, aos encargos legais, às contribuições condominiais, aos tributos, inclusive os valores correspondentes ao imposto sobre transmissão *inter vivos* e ao laudêmio, se for o caso, pagos para efeito de consolidação da propriedade fiduciária no patrimônio do credor fiduciário, e às despesas inerentes aos procedimentos de cobrança e leilão, hipótese em que incumbirá também ao fiduciante o pagamento dos encargos tributários e das despesas exigíveis para a nova aquisição do imóvel, inclusive das custas e dos emolumentos. (Brasil, 1997)

A segunda parte do art. 27, parágrafo 2º-B, informa que o devedor fiduciante deve arcar com os custos tributários para uma nova aquisição do imóvel, ou seja, é necessário um novo recolhimento de ITBI, tendo em vista que o bem imóvel já se encontra como propriedade do banco credor. Observemos que esse novo recolhimento não se confunde com o ITBI recolhido pelo credor fiduciário quando da consolidação.

O mesmo dispositivo trata do direito de preferência do fiduciante, quando da realização do leilão extrajudicial. Além da previsão contida no art. 27, parágrafo 2º-B, da Lei da Alienação Fiduciária, há a previsão do parágrafo 2º do art. 892 do CPC. Essa preferência se estende desde a consolidação da propriedade até a realização do segundo leilão extrajudicial.

Não ocorrendo o exercício do direito de preferência, dá-se sequência ao processo administrativo de consolidação, seguido dos leilões extrajudiciais.

Quando da averbação da consolidação do imóvel, o credor fiduciário pode requerer judicialmente a desocupação do imóvel por meio de reintegração de posse por liminar, conforme previsto no *caput* do art. 30 da Lei n. 9.514/1997:

Art. 30. É assegurada ao fiduciário, ao seu cessionário ou aos seus sucessores, inclusive ao adquirente do imóvel por força do leilão público de que tratam os arts. 26-A, 27 e 27-A, a reintegração na posse do imóvel, que será concedida liminarmente, para desocupação no prazo de 60 (sessenta) dias, desde que comprovada a consolidação da propriedade em seu nome, na forma prevista no art. 26 desta Lei. (Brasil, 1997)

Acerca da disposição do art. 30, temos ressalva e discordância no que tange ao adquirente do imóvel por força do leilão. Em se tratando de uma nova aquisição e pessoa que não esteve na posse (direta ou indireta), não pode ser utilizada a ação de reintegração como meio de recebimento do bem. Em nosso entendimento, o remédio correto é a ação de imissão na posse, que vai assegurar ao então proprietário o recebimento originário da posse do bem imóvel, e não a reintegração de uma posse até então exercida pelo fiduciante e pelo credor fiduciário.

Quando da aquisição em leilão, cabe ao adquirente arrematante notificar extrajudicialmente o então devedor fiduciante, agora como ocupante do imóvel, acerca da aquisição e da transmissão da propriedade em seu nome, concedendo-lhe prazo para desocupação, sob pena de ingresso da ação de imissão de posse e de cobrança da taxa de fruição e demais despesas vencidas nesse período.

Os tribunais de justiça do Brasil tem posicionamento consolidado no sentido de que a taxa de fruição não se confunde com aluguel, visto seu caráter punitivo, que visa impedir a ocupação indevida do imóvel; logo, o percentual usual da taxa de fruição é de 1% do valor do imóvel. A seguir, reproduzimos julgamento do Tribunal de Justiça de Minas Gerais (TJMG) em que se aplica a taxa de fruição na ordem de 1%, tendo como marco inicial a imissão na posse:

EMENTA: APELAÇÃO CÍVEL – AÇÃO DE IMISSÃO NA POSSE – ARREMATAÇÃO DE IMÓVEL EM LEILÃO – TAXA DE OCUPAÇÃO – 1% SOBRE O VALOR DO BEM – TERMO INICIAL – LEI Nº 13.465/2017 – CONSOLIDAÇÃO DA PROPRIEDADE FIDUCIÁRIA – RECURSO PARCIALMENTE PROVIDO. – Nos termos do art. 37-A da Lei nº 9.514/1997, com redação dada pela Lei nº 13.465/2017, deve ser assegurado ao adquirente do imóvel a percepção de taxa de ocupação do imóvel, desde a consolidação da propriedade fiduciária – Conforme se extrai do disposto nos artigos do art. 37-A e 24, VI, da Lei nº 9.514/1997, o legislador estabeleceu critério objetivo para a fixação de taxa de ocupação do imóvel, qual seja, o valor correspondente a 1% (um por cento) daquele indicado para efeito de venda em leilão público, estando o julgador limitado ao referido parâmetro. (TJMG, 2023c)

Assim, nos casos de inadimplência da alienação fiduciária, realizada a imissão na posse do arrematante adquirente e prestadas contas entre o credor fiduciário e o devedor fiduciante, extinguem-se as obrigações oriundas do contrato de alienação fiduciária.

A Lei n. 8.245, de 18 de outubro de 1991, conhecida como *Lei do Inquilinato*, regulamenta as locações de bens imóveis urbanos, residenciais, comerciais e industriais, estabelecendo os deveres e as obrigações das partes contratantes (Brasil, 1991). Não são objeto de estudo ou regulação pela Lei do Inquilinato a locação de imóveis da União, dos estados, dos municípios e de suas autarquias; as vagas autônomas de garagem (não se aplica a vagas de garagem vinculadas a unidades autônomas); espaços publicitários; hotéis, apart-hotéis e equivalentes, como a plataforma de locação Airbnb; e arrendamentos mercantis.

7.1 Conceito e aplicação

Iniciamos esta seção com o posicionamento do Ministro Luiz Fux (2008, p. 1), do Supremo Tribunal Federal (STF), no que tange às questões processuais e às soluções oferecidas pela Lei do Inquilinato:

> A lei do inquilinato veio imprimir uma particular filosofia na relação *ex locato*, abandonando por completo a presunção de hipossuficiência e fragilidade da posição

do locatário, para enfrentar o problema gerado por este paternalismo, que não foi senão o responsável pela recessão por que passava o mercado locatício, no qual metades das moradias disponíveis encontravam-se completamente fechadas.

O cerne da Lei do Inquilinato são as partes contratantes e o bem que se pretende contratar, tudo a ser constante do contrato de locação, que terá como objeto o imóvel da locação, devendo conter endereço, características e tipo da locação (residencial, comercial ou industrial). As locações poderão ser por prazo determinado, indeterminado ou por temporada.

No contrato de locação, o proprietário da coisa imóvel é denominado **locador**, e aquele que se utiliza do bem mediante uma contraprestação financeira é chamado de **locatário**. No caso de mais de um locatário, há responsabilidade solidária quanto às obrigações decorrentes da locação.

Os contratos garantidos por fiança apresentam também como parte a figura do **fiador**, que visa garantir o valor total do contrato, respondendo com seus bens em caso de inadimplência das obrigações assumidas pelo locatário.

O contrato de locação deve trazer em suas cláusulas as obrigações e os deveres de cada uma das partes. Ao locador é dada a obrigação de entregar o imóvel em condições de habitação (ou ao uso a que se destina). Ele deve também garantir o uso pacífico do imóvel ao locatário, responder pelos vícios do imóvel que forem anteriores à locação, fornecer descrição minuciosa do imóvel e eventuais vícios que contenha, fornecer ao locatário recibo detalhado das despesas pagas, arcar com os custos da administradora do imóvel (se houver), pagar os impostos, as taxas e o seguro incêndio, salvo se houver disposição expressa em sentido contrário no contrato, e pagar as despesas extraordinárias de condomínio.

Ao locatário compete efetuar o pagamento da locação e das demais despesas contidas em contrato em dia, cuidar da manutenção e da conservação do imóvel, não fazer modificações sem autorização expressa do locador e, findo o contrato, restituir o imóvel nas mesmas condições em que o recebeu, quando do início da locação.

Quando da devolução do imóvel, as partes devem se socorrer do laudo de vistoria de entrada, documento anexo ao contrato das condições do imóvel no início da locação que contém o detalhamento dessas informações.

Finda a locação, deve ser feito um laudo de vistoria de saída para contrastar as vistorias e verificar se existem reparos a serem feitos no imóvel. Salvo os reparos oriundos de desgaste natural, os demais devem ser feitos pelo locatário.

7.2 Locação residencial

O objeto do contrato de locação residencial tem como destinação exclusiva a moradia, não podendo ser desvirtuada sob pena de infração contratual.

O contrato deve ser bilateral, oneroso e consensual, indicando o tipo de garantia e contendo o detalhamento das obrigações e deveres de locador, locatário e, eventualmente, fiador, como responsabilidade sobre impostos, taxas e despesas condominiais. A consensualidade remete à disponibilidade do imóvel cedido pelo locador em face da contrapartida financeira do locatário.

O contrato deve ser acompanhado do chamado *laudo de vistoria de entrada*, documento de suma importância a ser assinado pelas partes contratantes, visto que resulta em obrigação contratual remanescente – a devolução do imóvel nas mesmas condições do início da locação.

É cedido ao locatário apresentar impugnação ao laudo de vistoria de entrada, contestando as informações ali contidas, caso estejam dissonantes com a realidade do bem. Contudo, deve ser observado o prazo dessa contestação, que costuma ser de cinco a dez dias.

O prazo da locação influencia diretamente nas consequências contratuais, embora a Lei do Inquilinato não determine um prazo mínimo ou máximo para locação; porém, o prazo de locação tem influência direta nos direitos e nos deveres das partes.

Há uma exceção que se refere à imposição de prazo para as locações por período inferior a 90 dias, caso que caracteriza a denominada *locação por temporada*.

7.2.1 Locação residencial por temporada

Sobre a locação residencial por temporada, há dois importantes pontos a serem tratados. O primeiro concerne à possibilidade de o locador exigir do locatário o pagamento dos aluguéis antecipadamente, conforme previsto no art. 20 da Lei do Inquilinato: "Salvo as hipóteses do art. 42 e da locação para temporada, o locador não poderá exigir o pagamento antecipado do aluguel" (Brasil, 1991).

O segundo ponto diz respeito ao prazo: se houver a estipulação do prazo de 90 dias ou menos com vistas a caracterizar a locação por temporada, é importante atentar que, decorrido esse prazo e não encerrada a locação, esta passará a vigorar por período indeterminado, e os vencimentos locatícios não poderão mais ser exigidos de forma antecipada, conforme a determinação do art. 50 e parágrafo único:

Art. 50. Findo o prazo ajustado, se o locatário permanecer no imóvel sem oposição do locador por mais de trinta dias, presumir-se-á prorrogada a locação por tempo indeterminado, não mais sendo exigível o pagamento antecipado do aluguel e dos encargos.

Parágrafo único. Ocorrendo a prorrogação, o locador somente poderá denunciar o contrato após trinta meses de seu início ou nas hipóteses do art. 47. (Brasil, 1991)

Como consequência da prorrogação do contrato por tempo indeterminado, o locador não poderá solicitar a devolução do imóvel antes do prazo mínimo de 30 meses. Portanto, é de extrema importância observar esses detalhes na locação residencial por temporada.

Além da locação por temporada, o prazo da locação residencial também é influenciado quando feita por período superior ou inferior a 30 meses.

7.2.2 Locação por prazo determinado inferior a 30 meses

A locação por período inferior a 30 meses é muito utilizada por ambas as partes. Na perspectiva do locador, um contrato de menor duração reduz seu risco com problemas de inadimplência do locatário. Já sob a ótica do locatário, se o imóvel tiver problemas, como um vizinho inconveniente, excesso de barulho ou alguma situação que torne a moradia desagradável, o locatário não estará diante de um longo contrato com dificuldade de rompê-lo e a necessidade de discutir a multa por quebra contratual.

Findo o prazo da locação, o locador deve solicitar, por notificação, a desocupação voluntária do imóvel pelo locatário, deixando clara a intenção da não renovação do contrato. Essa solicitação pelo imóvel é chamada de *denúncia vazia*, ou seja, não carece de uma motivação específica senão em decorrência do fim do contrato.

Se a pretensão do locador não for atendida, ele terá o fundamento necessário para obter o despejo liminar diante do término do contrato e da ocupação resistida do inquilino.

A seguir, no Agravo de Instrumento n. 1.0000.17.054982-8/001, do Tribunal de Justiça de Minas Gerais (TJMG), vemos jurisprudência que aplica a retomada do imóvel pelo locador que procedeu à notificação para desocupação:

EMENTA: AGRAVO DE INSTRUMENTO – AÇÃO DE DESPEJO – JUSTIÇA GRATUITA – PESSOA FÍSICA – HIPOSSUFICIÊNCIA COMPROVADA – CONTRATO DE LOCAÇÃO RESIDENCIAL – TEMPO DETERMINADO INFERIOR À 30 (TRINTA) MESES – NOTIFICAÇÃO DO LOCATÁRIO ANTERIOR AO PRAZO DO TÉRMINO DO CONTRATO DE LOCAÇÃO – TUTELA ANTECIPADA DE URGÊNCIA – REQUISITOS PREENCHIDOS – RECIPROCIDADE DA IRREVERSIBILIDADE – PONDERAÇÃO PROPORCIONAL – RECURSO PROVIDO. Em atendimento ao disposto no artigo 5º, inciso LXXIV da Constituição da Republica de 1988, as benesses da assistência jurídica integral e gratuita são concedidas aos que comprovarem insuficiência de recursos. Por força dos arts. 98 e 99 do CPC/15, a pessoa, natural ou jurídica com insuficiência de recurso para pagar custas, despesas processuais e honorários advocatícios, tem direito à gratuidade de Justiça, na forma da lei. Para análise dos documentos comprobatórios da alegada hipossuficiência, utiliza-se o parâmetro estabelecido pela Defensoria Pública e a análise fática da situação financeira da parte. Comprovada hipossuficiência por meio de documentos hábeis, impõe-se o deferimento da concessão da gratuidade da justiça. A prorrogação automática dos contratos, com prazo inferior a trinta meses, a que se refere o art. 47 da Lei nº 8.245/91 somente poderá ocorrer se o locatário permanecer no imóvel, sem oposição do locador, situação que não ocorreu na hipótese. Para deferir-se a tutela de urgência, pressupõe-se a existência de elementos que evidenciem a probabilidade do direito, o perigo de danos ou risco ao resultado útil do processo, conforme dispõe o art. 300 do CPC/15. Presentes os requisitos, medida que se impõe é a concessão da tutela. Quando a concessão possa causar perigo de irreversibilidade ao réu ao mesmo tempo em que seu indeferimento cause perigo de irreversibilidade ao autor, adota-se critérios de proporcionalidade, sopesando as circunstâncias específicas do caso concreto. (TJMG, 2017)

Contudo, findo o contrato por prazo inferior a 30 meses e não sendo solicitada a devolução do imóvel, o contrato torna-se contrato por tempo indeterminado, havendo entendimento jurisprudencial de que sua retomada só poderá ocorrer após cinco anos ou se caracterizada uma das possibilidades contidas nos incisos do art. 47 da Lei n. 8.245/1991.

O art. 47 da Lei do Inquilinato veda a retomada do imóvel após o decurso de prazo contratual, quando não há insurgência do locador. Vejamos o *caput* desse artigo e as exceções apresentadas nos incisos:

Art. 47. Quando ajustada verbalmente ou por escrito e como prazo inferior a trinta meses, findo o prazo estabelecido, a locação prorroga-se automaticamente, por prazo indeterminado, somente podendo ser retomado o imóvel:

I – Nos casos do art. 9º;

II – em decorrência de extinção do contrato de trabalho, se a ocupação do imóvel pelo locatário relacionada com o seu emprego;

III – se for pedido para uso próprio, de seu cônjuge ou companheiro, ou para uso residencial de ascendente ou descendente que não disponha, assim como seu cônjuge ou companheiro, de imóvel residencial próprio;

IV – se for pedido para demolição e edificação licenciada ou para a realização de obras aprovadas pelo Poder Público, que aumentem a área construída, em, no mínimo, vinte por cento ou, se o imóvel for destinado a exploração de hotel ou pensão, em cinquenta por cento;

V – se a vigência ininterrupta da locação ultrapassar cinco anos.

§ 1º Na hipótese do inciso III, a necessidade deverá ser judicialmente demonstrada, se:

a) O retomante, alegando necessidade de usar o imóvel, estiver ocupando, com a mesma finalidade, outro de sua propriedade situado na mesma localidade ou, residindo ou utilizando imóvel alheio, já tiver retomado o imóvel anteriormente;

b) o ascendente ou descendente, beneficiário da retomada, residir em imóvel próprio.

§ 2º Nas hipóteses dos incisos III e IV, o retomante deverá comprovar ser proprietário, promissário comprador ou promissário cessionário, em caráter irrevogável, com imissão na posse do imóvel e título registrado junto à matrícula do mesmo. (Brasil, 1991)

No inciso I estão descritas as primeiras possibilidades de a locação ser rescindida:

» quando livremente convencionado entre as partes, por meio de acordo mútuo;
» decorrente de prática ilegal na utilização do imóvel ou infração contratual, como conceder ao bem uma destinação adversa da contratação;
» com a falta de pagamento do aluguel e demais encargos, quando o locatário dá ensejo à ação de despejo resultante na rescisão antecipada do contrato de locação;
» para a realização de reparos urgentes, possibilidade condicionada à exigência dos reparos pelo Poder Público, sem que possam ser executados com a permanência do locatário, ou seja, não basta meramente que uma das partes alegue que o imóvel necessita de reparos urgentes.

O inciso II do art. 47 da Lei n. 8.245/1991 traz a possibilidade de rescisão antecipada pelo locatário quando houver a extinção de seu contrato de trabalho, se a locação do imóvel se deu em decorrência do trabalho desenvolvido, como no caso do zelador ou porteiro do prédio onde o imóvel se encontra locado.

O inciso III do mesmo artigo dispõe sobre os casos de uso próprio, estendendo a possibilidade do pedido ao proprietário, cônjuge ou companheiro (união estável), pais e filhos, desde que comprovadamente não tenham outro imóvel para residir.

O disposto no inciso IV é uma faculdade do locador, quando houver pedido de demolição ou reforma que importe em um aumento mínimo de 20% da área total do imóvel. Caso o imóvel locado seja um hotel ou uma pensão, a demonstração do aumento de percentual da área deverá ser de 50%. Se por via judicial, caberá ao locador a comprovação por meio de documentação devidamente registrada na matrícula do imóvel.

O inciso V trata da modalidade de denúncia após o prazo de cinco anos, para contratos de tempo determinado cujo pedido de desocupação não tenha sido feito no vencimento do contrato, passando, assim, a ser um contrato por prazo indeterminado.

7.2.3 Locação por prazo determinado superior a 30 meses

As especificações sobre os contratos com 30 meses ou mais estão descritas no art. 46 da Lei n. 8.245/1991, cujo *caput* tem a seguinte redação: "Nas locações ajustadas por escrito e por prazo igual ou superior a trinta meses, a resolução do contrato ocorrerá findo o prazo estipulado, independentemente de notificação ou aviso" (Brasil, 1991).

Em outras palavras, diferentemente do que ocorre nos contratos com prazo inferior a 30 meses, nesse formato de contratação, não é necessária a notificação da parte locatária sobre o fim da locação, visto que a rescisão do contrato é decorrente de imposição legal.

Contudo, o parágrafo 1º do mesmo dispositivo dispõe que, havendo a permanência do locatário e desde que sem insurgência do locador, o contrato será renovado por prazo indeterminado e serão mantidas as obrigações e os deveres oriundos do contrato.

Entretanto, a principal e mais importante diferença desse tipo de contratação é que, apesar de o contrato ser por tempo indeterminado, a denúncia vazia pode ocorrer a qualquer momento. Vejamos:

Art. 46. [...]

§ 1º Findo o prazo ajustado, se o locatário continuar na posse do imóvel alugado por mais de trinta dias sem oposição do locador, presumir-se-á prorrogada a locação por prazo indeterminado, mantidas as demais cláusulas e condições do contrato.

§ 2º Ocorrendo a prorrogação, o locador poderá denunciar o contrato a qualquer tempo, concedido o prazo de trinta dias para desocupação. (Brasil, 1991)

Como podemos observar, a única condicionante para o locador solicitar a desocupação do imóvel é a concessão do prazo de 30 dias. Dessa forma, nos contratos com prazo igual ou superior a 30 meses, havendo intenção do locatário em manter-se na posse e locação do bem, a recomendação é que seja feita a renovação ou um termo aditivo da locação. De outra forma, o locatário se coloca em uma posição de hipossuficiência, podendo ter de desocupar o imóvel a qualquer momento, mediante simples solicitação do locador.

7.2.4 Laudo de vistoria: documento acessório ao contrato de locação

A vistoria é documento de extrema importância no processo de locação imobiliária residencial ou comercial. Consiste em um laudo que ateste as condições do imóvel tanto no momento do início da locação quando no de seu término.

Embora não decorra de imposição legal, podemos dizer que a vistoria é um documento acessório ao contrato de locação, porque, quando a vistoria é feita, são geradas obrigações para ambas as partes, conforme interpretação dos arts. 22 e 23 da Lei n. 8.245/1991:

Art. 22. O locador é obrigado a:

I – entregar ao locatário o imóvel alugado em estado de servir ao uso a que se destina;

[...]

V – fornecer ao locatário, caso este solicite, descrição minuciosa do estado do imóvel, quando de sua entrega, com expressa referência aos eventuais defeitos existentes; [...] (Brasil, 1991)

O inciso I do art. 22 determina que o locador deve entregar o imóvel para o uso a que destina, e o inciso V condiciona a realização da vistoria de entrada à solicitação do locatário. No entanto, é preciso formar uma interpretação mais completa desse dispositivo, juntamente com o art. 23, inciso III:

Art. 23. O locatário é obrigado a:

[...]

II – servir-se do imóvel para o uso convencionado ou presumido, compatível com a natureza deste e com o fim a que se destina, devendo tratá-lo com o mesmo cuidado como se fosse seu;

III – restituir o imóvel, finda a locação, no estado em que o recebeu, salvo as deteriorações decorrentes do seu uso normal; [...] (Brasil, 1991)

Notemos que o inciso III do art. 23 determina a obrigação do locatário de restituir o imóvel nas mesmas condições do início da locação. Assim, vamos imaginar o seguinte cenário hipotético: João aluga o apartamento de Pedro pelo prazo determinado de 30 meses. Ao final da locação, com a devolução do imóvel, Pedro identifica que o piso, as portas e os móveis foram danificados pelo locatário no curso da locação. Contudo, ao fazer a notificação ao inquilino para que este proceda aos reparos, é surpreendido com a negativa de Pedro, o qual alega que o imóvel já estava assim quando do início da locação e informa que, diante da ausência de um laudo de vistoria de entrada, não fará os reparos ou o pagamento pelos danos.

Nesse exemplo, encontramos um embate entre a disposição contida no inciso V do art. 22 da Lei do Inquilinato, segundo o qual o locador é obrigado a fornecer o laudo de vistoria de entrada, caso lhe seja solicitado pelo locatário, e a disposição do inciso III do art. 23 da mesma lei, que impõe ao locatário a devolução do imóvel nas mesmas condições quando do início da locação.

O antagonismo dessas duas normas repousa no fato da impossibilidade de se pleitear a indenização ou o reparo do imóvel ao final da locação em caso de ausência do laudo de vistoria de entrada.

Em outras palavras, só é permitido ao locador pleitear qualquer indenização ou reparo no imóvel quando existe a constatação dos vícios em um comparativo entre o laudo de vistoria de entrada e o laudo de vistoria de saída.

Embora essa determinação não esteja contida na Lei do Inquilinato, há vasta jurisprudência sobre o tema, exemplificada a seguir:

Apelação – Locação – Ação de reparação de danos – Alegação de que o locatário devolveu o imóvel à locadora em mau estado de conservação – **Ausência de prova idônea do fato constitutivo do direito das autoras – Inexistência de laudos de vistoria inicial e final constatando o estado do imóvel** – Fotos sem data e orçamentos feitos a pedido das autoras que não podem ser admitidos como prova dos danos que invocaram. Impossível acolher como provas dos danos invocados pela locadora as fotos sem data e tiradas por ela própria e orçamentos feitos por prestadores de serviço a seu pedido, sem a participação do locatário, uma vez que documentos assim produzidos são unilaterais e não se prestam a comprovar a existência dos danos nem que estes sejam imediatamente decorrentes de condutas praticadas pelo locatário. Segundo prescreve o artigo 23, III, da Lei de Locação, "restituir o imóvel, finda a locação, no estado em que o recebeu, salvo as deteriorações decorrentes do seu uso normal". Percebe-se que o locatário não tem a obrigação de devolver o imóvel totalmente isento de deteriorações, pois as coisas comumente se deterioram pelo uso, pelo decurso do tempo e pela ação de elementos naturais, situações que se qualificam como desgaste consequente do uso normal do imóvel. Imprescindível, portanto, que a alegação de existência de danos no imóvel, não decorrentes do uso normal do imóvel pelo locatário, seja devidamente aferida em vistoria conjunta ou por perícia produzida por sujeito imparcial. Apelação desprovida. (TJSP, 2018, grifo nosso)

Em síntese, o laudo de vistoria de entrada, além de documento acessório ao contrato de locação, é de suma importância para a demonstração das obrigações contraídas pelas partes quando da contratação. Isso porque o laudo de vistoria de entrada, além do comparativo com a vistoria de saída, pode demonstrar as condições em que o locador forneceu o imóvel e as condições em que o locatário o devolveu, limitando, assim, de forma mais objetiva, as imposições dos arts. 22 e 23 da Lei do Inquilinato.

Por fim, é importante ressaltar que a vistoria de entrada deve ser assinada pelo locador e pelo locatário, sendo ainda concedido um prazo determinado de impugnação para que o locatário vistorie o imóvel e as condições contidas no laudo.

Quando da realização do laudo de vistoria de saída, o locador deve enviar notificação ao locatário para que, querendo, compareça e acompanhe a vistoria de saída, podendo igualmente impugná-la.

7.3 Locação comercial

A locação de imóvel voltado para o desenvolvimento de atividade comercial ou empresarial tem aspectos distintos em relação a uma locação residencial, gerando direitos e obrigações diferentes para locador e locatário. Portanto, a destinação dada ao imóvel é que vai determinar o tipo de locação.

Há uma definição objetiva dada pelo art. 55 da Lei do Inquilinato quanto à locação comercial, também chamada de *não residencial*: "Considera-se locação não residencial quando o locatário for pessoa jurídica e o imóvel, destinar-se ao uso de seus titulares, diretores, sócios, gerentes, executivos ou empregados" (Brasil, 1991).

O critério objetivo estabelecido pelo dispositivo em questão é que o locatário precisa ser pessoa jurídica, ou seja, não se configura locação comercial por meio de pessoa física.

Importante destacar que, com o advento da Lei n. 13.874, de 20 de setembro de 2019 (Brasil, 2019), conhecida como *Lei da Liberdade Econômica*, foram apresentadas importantes modificações, possibilitando maior autonomia às partes contratantes na elaboração do contrato.

Além dos direitos e das obrigações inerentes ao tipo de locação, a locação comercial precisa ser desenvolvida objetivando a atividade comercial/empresarial pretendida, preenchendo este e outros requisitos para configurar o que chamamos de *ponto comercial*.

7.3.1 Ponto comercial e direito de renovação

Como vimos, a locação de um imóvel comercial objetiva o desenvolvimento de uma atividade comercial ou empresarial, e o local onde será desenvolvida essa atividade recebe o nome de *ponto comercial*.

Muitas vezes, o ponto comercial tem um valor econômico resultado da atividade comercial/empresarial desenvolvida ou de forma exemplar ou por um longo período no mesmo local, tornando-se, inclusive, um ponto de referência no bairro ou na cidade.

Assim, podemos afirmar que o ponto comercial, por vezes, é objeto de negociações financeiras, podendo ser vendido ou arrendado pelo seu desenvolvedor (locatário). Logo, essa figura do ponto comercial é de suma importância para ambas as partes, pois, além da importância financeira, gera direitos e obrigações para as partes contratantes, como o direito de renovação, quando preenchidos os requisitos legais.

Os requisitos em questão estão descritos no art. 51 da Lei do Inquilinato: "Nas locações de imóveis destinados ao comércio, o locatário terá direito a renovação do contrato, por igual prazo, desde que, cumulativamente [...]" (Brasil, 1991).

O primeiro quesito de diferenciação, previsto no inciso I do mesmo artigo, impede a celebração do contrato verbal: "o contrato a renovar tenha sido celebrado por escrito e com prazo determinado" (Brasil, 1991).

Quanto ao prazo, o inciso II prevê o mínimo de cinco anos, podendo ser por meio de renovações sequenciais (por exemplo, dois contratos de 30 meses) ou prazo ininterrupto de um único contrato: "o prazo mínimo do contrato a renovar ou a soma dos prazos ininterruptos dos contratos escritos seja de cinco anos" (Brasil, 1991).

O inciso III contempla uma situação interessante ao condicionar o direito de renovação à exploração do ponto de comércio no mesmo segmento. Ou seja, não basta que seja o mesmo locatário, é preciso que o ramo de atividade seja o mesmo e por prazo não inferior a três anos: "o locatário esteja explorando seu comércio, no mesmo ramo, pelo prazo mínimo e ininterrupto de três anos" (Brasil, 1991).

O parágrafo 1º do art. 51 da Lei do Inquilinato remete aos contratos de locação cedidos (com anuência do locador) ou dos sucessores na locação, bem como ao fato de sublocatários (igualmente com anuência do locador) poderem exercer o direito de renovação quando do preenchimento cumulativo dos requisitos.

Já o parágrafo 2º trata da possibilidade da extensão do direito de renovação à sociedade da qual o locatário faça parte, desde que essa sociedade tenha desenvolvido suas atividades no ponto comercial objeto da renovação. O parágrafo 3º refere-se à possibilidade de dissolução dessa sociedade em caso de falecimento de um dos sócios, reservando ao sócio remanescente o direito de renovação.

Art. 51. [...]

§ 1º O direito assegurado neste artigo poderá ser exercido pelos cessionários ou sucessores da locação; no caso de sublocação total do imóvel, o direito a renovação somente poderá ser exercido pelo sublocatário.

§ 2º Quando o contrato autorizar que o locatário utilize o imóvel para as atividades de sociedade de que faça parte e que a esta passe a pertencer o fundo de comércio, o direito a renovação poderá ser exercido pelo locatário ou pela sociedade.

§ 3º Dissolvida a sociedade comercial por morte de um dos sócios, o sócio sobrevivente fica sub-rogado no direito a renovação, desde que continue no mesmo ramo.

§ 4º O direito a renovação do contrato estende-se às locações celebradas por indústrias e sociedades civis com fim lucrativo, regularmente constituídas, desde que ocorrentes os pressupostos previstos neste artigo. (Brasil, 1991).

Como vemos no parágrafo 4º, o direito de renovação é estendido às indústrias e às sociedades do terceiro setor. Esse parágrafo é de extrema importância porque abarca um segmento de grande relevância econômica na sociedade (indústrias) e o segmento de organizações não governamentais (ONGs) e sociedades civis que visam prestar serviços não remunerados à população.

Por fim, o parágrafo 5º determina um prazo decadencial ao locatário ou ao interessado em invocar o direito de renovação, que deve ser pleiteado em juízo com prazo de um ano a seis meses antes do fim do contrato. Por se tratar de um prazo preclusivo, a não observância pode resultar no não conhecimento da ação renovatória: "Do direito a renovação decai aquele que não propuser a ação no interregno de um ano, no máximo, até seis meses, no mínimo, anteriores à data da finalização do prazo do contrato em vigor" (Brasil, 1991).

A jurisprudência tem um posicionamento consolidado quanto à necessária observância do prazo decadencial do parágrafo 5º, como vemos na apelação cível a seguir, do Tribunal de Justiça de São Paulo (TJSP):

LOCAÇÃO DE IMÓVEIS – RENOVATÓRIA DE LOCAÇÃO – DECADÊNCIA – RECONHECIMENTO – SENTENÇA DE IMPROCEDÊNCIA – MANUTENÇÃO – É DECADENCIAL O PRAZO ESTABELECIDO NO ARTIGO 51, § 5º, DA LEI Nº 8.245/91, E SUA INOBSERVÂNCIA ACARRETA A PERDA DO DIREITO À RENOVAÇÃO – RECURSO NÃO PROVIDO, COM OBSERVAÇÃO. **Considerando-se que a ação renovatória há de ser proposta no primeiro semestre do último ano de vigência do contrato** de locação, e que a locatária só protocolou a inicial da ação renovatória em 30/08/2022, quando o direito à renovação se o prazo do contrato a permitisse já havia sido atingido pela decadência, de rigor a manutenção de improcedência da r. sentença. (TJSP, 2023c, grifo nosso)

7.4 Locação em *shopping center*

A locação em *shopping center* é uma modalidade de locação comercial, porém tem peculiaridades de um contrato distinto dos demais regulados pela Lei do Inquilinato.

Na Lei do Inquilinato, no art. 54, há expressa autorização para a autonomia contratual das partes, prevalecendo aquilo que for convencionado entre as partes contratantes, conforme o *caput* do dispositivo: "Nas relações entre lojistas e empreendedores de *shopping center*, prevalecerão as condições livremente pactuadas nos contratos de locação respectivos e as disposições procedimentais previstas nesta lei" (Brasil, 1991).

Apesar da liberdade contratual, a lei e a jurisprudência dos tribunais impõem limites para tais contratações, devendo ser sempre observados os princípios da razoabilidade e da legalidade. Assim, aquelas cláusulas que visem beneficiar demasiadamente o locador poderão ser objeto de revisão e de modificação judicial.

Um exemplo de cláusula abusiva e que é apresentada aos lojistas versa sobre a impossibilidade de cessão do contrato de locação, sobre a qual já há posicionamento jurisprudencial favorável aos locatários.

Dessa forma, havendo recusa à cessão do contrato pelo locador, devem ser apontadas, de forma objetiva e fática, as razões para isso, não lhe sendo facultativa a mera discordância quanto à cessão contratual.

Contudo, para que haja cessão do contrato de locação, o locatário deve observar o *tenant mix* do empreendimento, que representa o *mix* de lojas elaborado pelo locador (*shopping*) com vistas à diversidade de estabelecimentos para alcançar o sucesso do local.

Por outro lado, um exemplo de cláusula que vem sendo admitida pela jurisprudência é a do 13º aluguel, visto que as despesas do locador aumentam nesse período do ano, havendo maior custo com limpeza, segurança e atrações, o que resulta em um aumento da receita do locatário.

Muitos *shoppings* aplicam multas acima do permitido pela Lei do Inquilinato, porém esse tipo de cláusula vem sendo combatido pelos tribunais, como vemos na decisão sobre o tema em questão na Apelação Cível n. 0721301-94.2017.8.07.0001, do Tribunal de Justiça do Distrito Federal e Territórios (TJDFT):

> CIVIL. APELAÇÃO CÍVEL. AÇÃO DE CONSIGNAÇÃO C/C DECLARATÓRIA DE INEXIGIBILIDADE DE DÉBITO. CONTRATO DE LOCAÇÃO EM SHOPPING CENTER. RESOLUÇÃO ANTECIPADA. MULTA. CABIMENTO. VALOR EXCESSIVO. REDUÇÃO. 1. A disposição contida no art. 54 da Lei nº 8.245/1991 deve ser interpretada em conformidade com os arts. 408 e ss. do Código Civil. 2. A multa compensatória prevista em contrato de locação em shopping center, decorrente de rescisão antecipada do pacto, é regular, mas deve observar os princípios da razoabilidade e proporcionalidade. 3. Entende-se adequada a redução equitativa da multa por resolução antecipada cominada em contrato, com amparo no art. 413 do Código Civil. 4. Recurso de Apelação parcialmente provido. (TJDFT, 2018)

Outra especificidade desse tipo de contrato é que o valor da locação mensal pode ser cobrado em percentual, usualmente entre 5% e 7% do montante do faturamento do locatário.

Esse tipo de contratação leva, automaticamente, a outra peculiaridade dos contratos de *shopping*: a permissão do locador de ter acesso a informações financeiras do locatário, recebendo mensalmente a declaração de faturamento daquele lojista para gerar o valor do aluguel.

Essas são algumas das particularidades do contrato de locação em *shopping center*, que, por ser uma operação de maior complexidade e distinta de uma locação comercial comum, tem a ressalva legal para que se opere com maior liberdade contratual.

7.5 Garantias locatícias

O principal objetivo da garantia locatícia é permitir ao locador ter mais de uma possibilidade de cobrar eventuais débitos decorrentes da locação (vencimentos, taxas e reparos) além do principal devedor, ou seja, o locatário.

Não há uma imposição legal ou condicionante à garantia locatícia para firmar o contrato de locação, contudo há uma consequência ao locatário que se torna inadimplente. Existe até mesmo o posicionamento de que a ausência de garantia pode ser benéfica ao locador.

Esse posicionamento sobre o contrato de locação sem garantia remete ao art. 59, parágrafo 1º, inciso IX, da Lei n. 8.245/1991, que autoriza o locador, em caso de despejo por falta de pagamento do aluguel e acessórios, a solicitar liminar para desocupação em 15 dias, sem a oitiva do locatário. Vejamos:

Art. 59. [...]

§ 1º Conceder-se-á liminar para desocupação em quinze dias, independentemente da audiência da parte contrária e desde que prestada a caução no valor equivalente a três meses de aluguel, nas ações que tiverem por fundamento exclusivo:

[...]

IX – a falta de pagamento de aluguel e acessórios da locação no vencimento, estando o contrato desprovido de qualquer das garantias previstas no art. 37, por não ter sido contratada ou em caso de extinção ou pedido de exoneração dela, independentemente de motivo. (Brasil, 1991).

Assim, em caso de ausência de garantia locatícia e havendo inadimplência do locatário, é permitido ao locador requerer o despejo liminar, mediante o depósito em juízo de três meses do valor locatício.

Por outro lado, as garantias locatícias, previstas no art. 37 da Lei n. 8.245/1991, visam trazer proteção patrimonial ao locador e ao próprio contrato de locação, visto que estendem as obrigações contraídas pelo locatário à garantia por ele apresentada.

Abordaremos as seguintes modalidades de garantias locatícias: caução, fiança, seguro fiança e cessão fiduciária de quotas de investimento.

A **caução** é a modalidade mais utilizada como garantia e pode ser prestada em dinheiro (até três vezes o valor da locação), em bem imóvel ou em bem móvel.

A caução em dinheiro deve ser depositada em uma conta poupança do locador ou do administrador do imóvel, com a finalidade de garantir as obrigações do locatário. Ao final do contrato, se não houver débito decorrente dele, o valor caucionado deverá ser restituído ao locatário, acrescido dos rendimentos do período.

A limitação de até três vezes o valor da locação é ainda decorrente da imposição do parágrafo 2º do art. 38 da Lei do Inquilinato, e a exigência de valor a maior pode resultar em contravenção penal, conforme inteligência do art. 43, inciso I, da mesma lei.

Art. 38. [...]

§ 2º A caução em dinheiro, que não poderá exceder o equivalente a três meses de aluguel, será depositada em caderneta de poupança, autorizada, pelo Poder Público e por ele regulamentada, revertendo em benefício do locatário todas as vantagens dela decorrentes por ocasião do levantamento da soma respectiva.

[...]

Art. 43. Constitui contravenção penal, punível com prisão simples de cinco dias a seis meses ou multa de três a doze meses do valor do último aluguel atualizado em favor do locatário:

I – exigir, por motivo de locação ou sublocação, quantia ou valor além do aluguel e encargos permitidos; [...]
(Brasil, 1991)

Além dessas observações, o locador deve ainda estar ciente de que a utilização da caução só poderá ocorrer com a concordância do locatário ou, quando do fim da locação, for constatado débito vencido e não pago oriundo do contrato.

Por fim, havendo reajuste dos valores locatícios (índices anuais), por consequência, poderá o locador exigir a complementação da caução.

A **fiança** é prestada por terceira pessoa, até então alheia ao contrato, e que se sub-roga nas obrigações pecuniárias do locatário, tratando-se, portanto, de responsabilidade subsidiária – salvo quando houver renúncia ao benefício de ordem, em que o fiador responderá pelas dívidas do locatário com seus bens e patrimônio. A definição de *fiança* consta ainda no art. 818 do Código Civil, com a seguinte redação: "Pelo contrato de fiança, uma pessoa garante satisfazer ao credor uma obrigação assumida pelo devedor, caso este não a cumpra" (Brasil, 2002).

Já o art. 827 do Código Civil estabelece a premissa de que, nas ações que buscam cobrar débitos do contrato de locação, é permitido ao fiador, até o momento da contestação, exigir que sejam executados primeiramente os bens do locatário: "O fiador demandado pelo pagamento da dívida tem direito a exigir, até a contestação da lide, que sejam primeiro executados os bens do devedor" (Brasil, 2002).

Entretanto, muitos contratos de locação são apresentados ao fiador com a renúncia ao benefício de ordem, prevista no art. 828, parágrafo único, do Código Civil, modificando a responsabilidade subsidiária para solidária, ou seja, em caso de eventual execução ou cobrança dos débitos, o credor não precisa esgotar a busca de ativos do locatário, para que somente então possa atingir o patrimônio do fiador: "O fiador que alegar o benefício de ordem, a que se refere este artigo, deve nomear bens do devedor, sitos no mesmo município, livres e desembargados, quantos bastem para solver o débito" (Brasil, 2002).

É necessária a expressa renúncia ao benefício de ordem para que se tenha como válida a execução de forma solidária em caráter primário contra locatário e fiador. Vejamos o posicionamento jurisprudencial:

EMENTA: APELAÇÃO CÍVEL – EMBARGOS À MONITÓRIA – CONTRATO DE ABERTURA DE

CRÉDITO – FIANÇA PRESTADA – CLÁUSULA DE RENÚNCIA AO BENEFÍCIO DE ORDEM – POSSIBILIDADE – SOLIDARIEDADE ENTRE AS PARTES – OUTORGA UXÓRIA – DESNECESSIDADE – INTERDIÇÃO JUDICIAL – COMPROVAÇÃO AUSENTE. I – Conforme entendimento jurisprudencial, é válida a cláusula contratual em que o fiador renuncia ao benefício de ordem. III – Nos termos do art. 828, I e II, do CC, o benefício de ordem não aproveita aos fiadores que a ele renunciaram expressamente ou se obrigaram como devedores solidários. IV – Conforme dispõe o art. 1.642, I, do Código Civil, "qualquer que seja o regime de bens, tanto o marido quanto a mulher podem livremente praticar todos os atos de disposição e de administração necessários ao desempenho de sua profissão". V – Ausente a demonstração de que o contratante era judicialmente interditado à época da celebração do negócio jurídico, não há que se falar em nulidade da fiança regularmente garantida. (TJMG, 2023a, grifo nosso)

O art. 40 da Lei do Inquilinato traz um rol taxativo das condições em que o locador pode exigir a mudança do fiador ou a apresentação de nova garantia, entre as quais estão: morte do fiador; falência, insolvência, interdição ou ausência do fiador, que tenham sido decretadas judicialmente; alienação ou gravação de todos os bens imóveis do fiador sem que isso tenha sido comunicado ao locador; desaparecimento de bens móveis; desapropriação de bens imóveis; e exoneração de garantia constituída por fundo de investimento.

O fiador, no entanto, ficará exonerado das obrigações prestadas no contrato de locação quando houver prorrogação da locação por tempo indeterminado e em que a fiança tenha sido prestada por tempo específico. Nesses casos, o fiador poderá notificar o locador, eximindo-se da fiança após 120 dias, contados da notificação enviada ao locador.

O **seguro fiança** foi introduzido como uma alternativa ao uso do fiador pessoa física. Assim, empresas de seguro e até instituições financeiras se apresentam como solução para aquele inquilino que não dispõe de um fiador.

Nesse modelo de garantia, a empresa de seguros ou a instituição financeira se compromete a arcar com eventuais inadimplementos e débitos do locatário. Em contrapartida, com base no valor da locação, o inquilino paga o valor do seguro, o qual tem uma correlação com o valor do aluguel.

A **cessão fiduciária de quotas de investimento** é o modelo menos utilizado de garantia locatícia e foi instituído pela Lei n. 11.196, de 21 de novembro de 2005 (Brasil, 2005), a qual passou a permitir que empresas vinculadas à Comissão de Valores Mobiliários (CVM) que tenham fundos de investimento onde o locatário detenha cotas possam alienar essas cotas como forma de garantir o contrato de locação.

Havendo inadimplemento do locatário, o locador poderá exigir da instituição que lhe sejam transferidas as cotas proporcionais ao montante do débito comprovado e oriundo da locação ou sua rescisão.

Por fim, é importante ressaltar que é vedada ao locador ou à administradora de imóveis a exigência de mais de uma modalidade de garantia locatícia, sob pena de configurar contravenção penal.

7.6 Direito de preferência

O direito de preferência está previsto no art. 27 da Lei do Inquilinato e assegura ao locatário, caso o imóvel locado seja colocado à venda, sua aquisição nas mesmas condições e preço que venham a ser anunciados pelo locador.

Art. 27. No caso de venda, promessa de venda, cessão ou promessa de cessão de direitos ou dação em pagamento, o locatário tem preferência para adquirir o imóvel locado, em igualdade de condições com terceiros, devendo o locador dar-lhe conhecimento do negócio mediante notificação judicial, extrajudicial ou outro meio de ciência inequívoca. (Brasil, 1991)

Como observamos, o dispositivo em questão assegura ao locatário o direito de preferência não apenas em caso de venda, mas também na modalidade em que o locador objetive realizar uma dação em pagamento. Nessa modalidade, o credor aceita receber do devedor uma obrigação distinta daquela contratada como forma de pagamento. Nesse caso, mesmo não se tratando de uma venda, o direito de preferência deve ser concedido.

A notificação a que se refere a segunda parte do art. 27 deve ser feita por escrito, preferencialmente com aviso de recebimento, contendo descrição do valor, condições da venda, local para examinar a documentação e eventual ônus real que recaia sobre o bem. A notificação deve conter ainda o prazo mínimo de 30 dias para que o locatário exerça seu direito de preferência. Decorrido esse prazo, o locatário deve manifestar seu interesse ou seu declínio na aquisição.

Muito embora o prazo seja de 30 dias, nada impede que, se não houver interesse por parte do locatário, seja declinado o direito de preferência (de forma expressa), possibilitando, assim, a venda do imóvel a terceiros.

Havendo declínio do direito de preferência e sendo efetuada a venda do imóvel locado a terceiros, observa-se a ocorrência do segundo efeito do direito de preferência, que é a **cláusula**

de vigência, em caso de denúncia do contrato. A cláusula de vigência tem previsão legal no art. 8º da Lei do Inquilinato:

> Art. 8º Se o imóvel for alienado durante a locação, o adquirente poderá denunciar o contrato, com o prazo de noventa dias para a desocupação, salvo se a locação for por tempo determinado e o contrato contiver cláusula de vigência em caso de alienação e estiver averbado junto à matrícula do imóvel.
>
> § 1º Idêntico direito terá o promissário comprador e o promissário cessionário, em caráter irrevogável, com imissão na posse do imóvel e título registrado junto à matrícula do mesmo.
>
> § 2º A denúncia deverá ser exercitada no prazo de noventa dias contados do registro da venda ou do compromisso, presumindo-se, após esse prazo, a concordância na manutenção da locação. (Brasil, 1991)

A **denúncia do contrato** ocorre quando o comprador (adquirente) não tem intenção em manter o imóvel locado ao inquilino. Nesse caso, o contrato será denunciado para que haja sua desocupação em um prazo de até 90 dias.

A parte final do *caput* do art. 8º traz uma exceção à possibilidade de denunciação do contrato: quando houver cumulativamente contrato por tempo determinado e cláusula de vigência expressamente constante do contrato, o qual deverá ter sido averbado na matrícula do imóvel.

Essa "ação defensiva" do locatário de solicitar a cláusula de vigência e averbá-la na matrícula do imóvel é comumente utilizada em locação de longos períodos ou em que haja um significante investimento do locatário no imóvel locado. Exemplos de segmentos que se valem desse artifício são bancos e farmácias, entre outros que precisam proteger não apenas o investimento aplicado na customização do imóvel para o desenvolvimento de sua atividade, mas também o ponto comercial que se pretende criar. Cabe destacar a importância do prazo contido no parágrafo 2º do art. 8º, segundo o qual o comprador (adquirente) precisa denunciar o contrato em até 90 dias após o registro da compra na matrícula do imóvel (por escritura ou compromisso de compra e venda). A não observância desse prazo resultará na presunção de aceite da manutenção do contrato em seus termos e prazos.

Por fim, vejamos quais são as consequências da não observância do direito de preferência. O art. 33 da Lei do Inquilinato estabelece os requisitos necessários para a insurgência do locatário:

Art. 33. O locatário preterido no seu direito de preferência poderá reclamar do alienante as perdas e danos ou, depositando o preço e demais despesas do ato de transferência, haver para si o imóvel locado, se o requerer no prazo de seis meses, a contar do registro do ato no cartório de imóveis, desde que o contrato de locação esteja averbado pelo menos trinta dias antes da alienação junto à matrícula do imóvel.

Parágrafo único. A averbação far-se-á à vista de qualquer das vias do contrato de locação desde que subscrito também por duas testemunhas. (Brasil, 1991)

Não sendo observado o direito de preferência, o locatário terá direito a pleitear a nulidade do negócio jurídico, desde que efetue o depósito judicial do valor da venda juntamente com as despesas inerentes à transferência do imóvel. Tais requisitos servem para demonstrar ao juízo a capacidade de pagamento do locatário.

É possível ainda ao locatário que não teve seu direito observado pleitear perdas e danos pela falta do direito de preferência. Vejamos a seguir um julgado do TJSP referente a imóvel de valor expressivo e objeto de permuta:

APELAÇÃO. LOCAÇÃO DE IMÓVEL NÃO RESIDENCIAL. Ação Ordinária para declaração do direito de preferência, com adjudicação compulsória do imóvel. Sentença de parcial procedência. Ação de Despejo pelo novo adquirente. Ação procedente. Julgamento conjunto ante a conexão entre as ações. **Apelação do locatário. Alega desnecessidade do registro dos contratos de locação na matrícula imobiliária para o exercício do direito de preferência na aquisição do imóvel. Acolhimento. Adjudicação do imóvel ante o depósito nos autos do valor de R$ 21.725.259,81, visando o exercício do seu direito de preferência, bem como a revogação judicial da escritura de venda e compra registrada na matrícula do imóvel locado e os atos jurídicos decorrentes de seu desdobramento.** Subsidiariamente, estender à corré adquirente, Pearl City, a condenação no pagamento da indenização. Descabimento. Apelação dos locadores alegando que o negócio jurídico havido com a Pearl City, é permuta, sendo descabida a indenização fixada. Averbação do contrato de locação para exercício da pretensão indenizatória pela frustração do direito de preferência do locatário. Desnecessidade. Precedente do C. STJ. Devida a indenização ao autor pela frustração de seu direito de preferência na aquisição do imóvel por ele alugado, decorrente da alegação de permuta com terceiro, tendo sido efetivamente praticado negócio de alienação do bem para terceiro. Ilegitimidade passiva "ad causam" do terceiro adquirente em relação à pretensão indenizatória formulada pelo autor. Sentença mantida. RECURSO

DO AUTOR IMPROVIDO, com observação. RECURSO DOS RÉUS IMPROVIDO. (TJSP, 2023b, grifo nosso)

No caso em apreço, foi acolhida a pretensão do então locatário para adjudicar o bem locado, diante da não observância do direito de preferência. Assim, o locatário efetuou depósito judicial do valor constante da escritura pública, pleiteando ainda indenização em face dos locadores e dos adquirentes. O tribunal acolheu o pedido quanto à adjudicação ante o direito de preferência, bem como a indenização devida pelos locadores, excluindo-se os adquirentes da decisão, por sua ilegitimidade passiva para responder por perdas e danos.

Por fim, ambos os pedidos têm de ser feitos dentro de um prazo de seis meses, contados na averbação da venda. A prova do registro do contrato de locação na matrícula do imóvel deve ser feita no prazo mínimo de 30 dias antes da alienação do bem.

O parágrafo único do art. 33 traz ainda a observação de que, para sua averbação, o contrato de locação deve conter a assinatura de duas testemunhas.

7.7 Ação de despejo, execução de aluguéis e cobrança de danos

A ação de despejo é o manejo utilizado pelo locador para reaver o imóvel do locatário e deve ser proposta judicialmente no domicílio do imóvel objeto do despejo.

A previsão legal da ação de despejo na Lei do Inquilinato está disposta no art. 5º:

> Art. 5º Seja qual for o fundamento do término da locação, a ação do locador para reaver o imóvel é a de despejo.
> Parágrafo único. O disposto neste artigo não se aplica

se a locação termina em decorrência de desapropriação, com a imissão do expropriante na posse do imóvel. (Brasil, 1991)

A interpretação do *caput* do art. 5º deve ser extensiva, porque a ação de despejo não será utilizada apenas nos casos de inadimplência do locatário, mas também nas demais possibilidades legais para que o locador retome o bem, como: fim do contrato de locação sem desocupação amigável; modificação ou ausência da garantia locatícia sem reposição pelo locatário; sublocação do imóvel sem autorização; não pagamento das despesas acessórias da locação e outras violações contratuais que possam ser cometidas pelo locatário.

É possível ao locador pleitear a desocupação liminar do imóvel no prazo de 15 dias, desde que prestada caução de três vezes o valor da locação a ser depositada judicialmente.

Além do requisito do depósito judicial, o art. 59 da Lei do Inquilinato determina as hipóteses em que se poderá pleitear o despejo liminar:

» em caso de descumprimento de acordo de desocupação, assinado por duas testemunhas, em que tenha sido dado prazo mínimo de seis meses;
» quando houver rescisão do contrato de trabalho do locatário que seja diretamente relacionada à sua ocupação no imóvel, como no caso do zelador que se utiliza de imóvel para morar onde presta os serviços;
» findo o prazo de locação por temporada, devendo a ação de despejo ser proposta em até 30 dias após o fim da locação;
» havendo a morte do locatário e sem que este tenha deixado sucessores legítimos para assumir as obrigações do contrato de locação;

» quando, extinto o contrato com o locatário, houver a permanência de sublocatário;
» quando houver a necessidade de reparos urgentes solicitados pelo Poder Público e com a recusa do locatário em permitir;
» se, após notificação para apresentar nova garantia ou a majoração desta, o locatário não o fizer;
» se, após o término do contrato de locação residencial, não houver desocupação voluntária e o locador tiver proposto ação de despejo em até 30 dias;
» na falta de pagamento do aluguel e demais despesas da locação e estando o contrato desprovido de garantia locatícia por exoneração, extinção ou outro motivo. Destacamos que a extinção da garantia pode ser configurada a partir do momento em que a soma dos débitos é maior do que o valor da garantia.

Observados os requisitos citados, o locador poderá obter, de forma cautelar, a prestação jurisdicional pretendida. O caráter cautelar decorre do fato de a ação continuar tramitando após a liminar, podendo, inclusive, ser revertida (ou resultar em perdas e danos) em caso de improcedência, daí a necessidade da caução judicial.

A ação de despejo poderá ser cumulada com a cobrança dos aluguéis e demais acessórios. Assim, quando da decisão judicial, o juízo decidirá pela desocupação voluntária em 30 dias, sob pena de reforço policial para desocupação, além de determinar o pagamento dos débitos apontados na petição inicial acrescidos daqueles vencidos no curso da lide.

O prazo para desocupação será reduzido para 15 dias quando, entre a citação e a sentença de despejo, houver um decurso de prazo superior a quatro meses.

Importante ainda frisar que, quando se tratar de ação de despejo em que haja cumulação com cobrança de débitos e havendo garantia por fiança, deverá ser citado o fiador para integrar o polo passivo do processo. Caso o fiador não componha a lide no processo de conhecimento, será vedado ao locador incluí-lo na fase de cumprimento de sentença ou de execução dos débitos.

Ao locatário e ao fiador é permitido efetuar o depósito judicial do montante do débito em até 15 dias contados da citação para contestar. O valor depositado deve compreender os aluguéis, os acessórios (condomínio, IPTU, taxa etc.), a multa contratual (se houver), os juros e a correção, os honorários advocatícios na ordem de 10% do débito e as custas processuais antecipadas pelo locador. Isso evitará eventual despejo liminar (em caso de inadimplência) ou o seguimento da demanda.

No caso de o locatário ou o fiador fazer o depósito judicial, o locador precisa se manifestar sobre o valor depositado, podendo, em dez dias, impugnar o valor e pedir sua complementação, a qual, estando fundamentada, deve ser acolhida pelo juízo, determinando-se ao locatário e ao fiador que efetuem esse complemento, sob pena de seguimento da lide ou do despejo liminar.

Uma interessante observação feita pelo legislador consta no art. 58, inciso V, da Lei do Inquilinato, o qual prevê que o recurso de apelação na ação de despejo, obrigatoriamente, terá apenas efeito devolutivo:

> Art. 58. Ressalvados os casos previstos no parágrafo único do art. 1º, nas **ações de despejo**, consignação em pagamento de aluguel e acessório da locação, revisionais de aluguel e renovatórias de locação, observar-se-á o seguinte:

[...]

V – os recursos interpostos contra as sentenças terão efeito somente devolutivo. (Brasil, 1991, grifo nosso)

Em outras palavras, os recursos manejados em ação de despejo nunca terão efeito suspensivo, possibilitando, desse modo, o imediato cumprimento da sentença de primeiro grau. Há posicionamento consolidado da jurisprudência sobre o tema no Agravo em Recurso Especial n. 2.074.289/SP, do Superior Tribunal de Justiça (STJ):

AGRAVO EM RECURSO ESPECIAL Nº 2074289 – SP (2022/0046209-7) DECISÃO Cuida-se de agravo (artigo 1.042, CPC/15), interposto por LPP III EMPREENDIMENTOS E PARTICIPAÇÕES S. A., em face de decisão que não admitiu recurso especial. O apelo nobre (art. 105, III, alíneas a e c, CF) desafiou acórdão proferido pelo Tribunal de Justiça de São Paulo, assim ementado (fl. 70, e-STJ): LOCAÇÃO. AÇÃO DE DESPEJO CUMULADA COM COBRANÇA DE ALUGUÉIS. JULGAMENTO DE PROCEDÊNCIA. RECURSO DE APELAÇÃO. PREVALECIMENTO DA REGRA GERAL DO EFEITO SUSPENSIVO COM RELAÇÃO À CONDENAÇÃO AO PAGAMENTO DE DESPESAS PROCESSUAIS E HONORÁRIOS ADVOCATÍCIOS. EXECUÇÃO PROVISÓRIA. INADMISSIBILIDADE. ELEVAÇÃO DA VERBA HONORÁRIA SUCUMBENCIAL. RECURSO IMPROVIDO, COM OBSERVAÇÃO. 1. Em regra, a apelação deve ter processamento com efeito suspensivo, a não ser nos casos expressamente previstos no artigo 1.012 do CPC ou em normas especiais. A sentença condenatória ao pagamento das despesas processuais não desfruta de tratamento especial, sobretudo porque não se encontra incluída no elenco taxativo do artigo 58 da Lei nº 8.245/91; logo, comporta apelação com efeito suspensivo. O fato de ocorrer cumulação dos pedidos de despejo e cobrança de aluguéis não determina tratamento diferenciado ao regime da apelação, que deve ter processamento com efeito apenas devolutivo no capítulo relacionado ao despejo e com efeitos devolutivo e suspensivo no capítulo atinente à condenação, inclusive ao pagamento das despesas processuais. Já a sentença que decreta o despejo, diante do teor da norma especial e ausente a relevância do fundamento jurídico para justificar a atribuição de efeito suspensivo à apelação, no caso concreto, pode ser executada provisoriamente. 2. Em atenção à norma do artigo 85, § 11, do CPC, diante do resultado deste julgamento, impõe-se elevar o montante da verba honorária sucumbencial a 12% do valor da execução. Embargos de declaração rejeitados (fls. 99/103, e-STJ). Nas razões de recurso especial (fls. 105/123 e-STJ), a agravante aponta, além de dissídio jurisprudencial, ofensa aos artigos 520 e 1.012, §§ 1º e 2º, do CPC e 58, V, e 62, VI, da Lei 8245/91, sustentando, em suma, que é cabível a execução provisória de débitos locatícios em ação de despejo c/c cobrança, mesmo na pendência de recurso de apelação nos autos principais, haja vista que tal apelo é dotado tão somente de efeito devolutivo, não havendo óbice algum à cobrança. Sem contrarrazões. Em juízo de admissibilidade, o Tribunal de origem negou seguimento ao reclamo (fls. 161/163, e-STJ), dando ensejo ao presente agravo (fls. 166/183, e-STJ), por meio do qual a agravante pretende a reforma da decisão impugnada e o processamento do apelo. É o relatório. Decido. A irresignação merece prosperar. 1. A jurisprudência do STJ consolidou-se no sentido de que o recurso de apelação, interposto em sede de ação de despejo, ainda que cumulada com ação de cobrança, deve ser recebido apenas no efeito devolutivo, como previsto em regra específica esculpida no artigo 58, V, da Lei 8.245/1991. (...) Publique-se. Intimem-se. Brasília, 26 de setembro de 2022. Ministro MARCO BUZZI Relator. (STJ, 2022, grifo nosso)

Os danos entram como a parte acessória do contrato de locação, o laudo de vistoria, e podem ser cobrados em ação de conhecimento após a realização da vistoria de saída. Na ocasião, devem ser apresentados ao locatário dois ou mais orçamentos que indiquem detalhadamente os itens a serem reparados no imóvel.

Caso o pagamento não seja feito de forma espontânea, é permitido ao locador ingressar com ação de cobrança dos danos causados ao imóvel durante o período de locação.

Destacamos, ademais, a possibilidade de cumular o pedido de indenização por danos causados ao imóvel na ação de despejo. Contudo, nesse formato e considerando-se que o imóvel ainda se encontra ocupado pelo inquilino, a verificação de danos, usualmente efetuada na vistoria de saída, deve ser substituída por uma perícia judicial a ser contrastada com a vistoria de entrada.

Vamos tratar, agora, da execução de aluguéis. Primeiramente, é importante ressaltar que a ação de execução de aluguéis e acessórios não se confunde com o cumprimento de sentença na ação de despejo e cobrança, uma vez que a execução de aluguéis é uma alternativa ao locador que pretende resolver judicialmente a inadimplência, sem rescindir o contrato de locação.

Essa ação também pode ser utilizada quando da desocupação voluntária do imóvel ou do fim do contrato que tenha débitos remanescentes.

O contrato de locação é tido pelo Código de Processo Civil como título executivo, dotado de liquidez e certeza, conforme definição do rol taxativo do art. 784, inciso VIII: "São títulos executivos extrajudiciais: [...] VIII – o crédito, documentalmente comprovado, decorrente de aluguel de imóvel, bem como de encargos acessórios, tais como taxas e despesas de condomínio" (Brasil, 2015b).

Assim, o rito da execução confere maior celeridade ao recebimento dos valores pretendidos, diferentemente do que ocorre em uma ação de conhecimento (cobrança dos aluguéis), permitindo ao locador reaver os valores em aberto de forma mais célere.

Muito embora a execução seja utilizada mais comumente pelo locador que intenta receber os débitos sem rescindir o contrato, é possível o ingresso da ação de despejo (sem cobrança), juntamente com a execução dos aluguéis, em autos apartados.

Esse procedimento não configura litispendência, tendo em vista que são objetivos distintos, apesar de versarem sobre as mesmas partes e objeto. Vejamos posição jurisprudencial sobre o assunto:

> APELAÇÃO CÍVEL. AÇÃO DE EXECUÇÃO DE TÍTULO EXTRAJUDICIAL. LITISPENDÊNCIA. INOCORRÊNCIA. CONTINÊNCIA. AÇÃO DE DESPEJO. AUSÊNCIA DE IDENTIDADE DOS PEDIDOS. NÃO CONFIGURADA. SENTENÇA CASSADA. 1. Entende-se por litispendência a existência de dois ou mais processos em trâmite com a mesma ação, nos moldes da teoria da tríplice identidade dos elementos da ação. Assim, é necessário analisar as partes, a causa de pedir e os pedidos contidos em ambas as ações, a fim de verificar

se existe coincidência entre elas, o que viabilizaria o reconhecimento de litispendência. 2. **Conquanto se verifique identidade de partes em ambas as ações analisadas, o mesmo não ocorre em relação aos pedidos, ainda que ambos os processos tenham por fundamento o mesmo contrato de locação.** 3. Nos termos do artigo 56 do Código de Processo Civil, Dá-se a continência entre 2 (duas) ou mais ações quando houver identidade quanto às partes e à causa de pedir, mas o pedido de uma, por ser mais amplo, abrange o das demais. 4. **Não há que se falar em continência, quando não houver identidade entre os pedidos da ação executiva e a ação de despejo.** 5. Recurso conhecido e provido. Sentença cassada. (TJDFT, 2019, grifo nosso)

Além dos valores de aluguéis, podem ser objeto da execução despesas condominiais, taxas, impostos, juros e correção. Para que a ação seja regularmente processada, o locador deve anexar contrato de locação, relação dos títulos vencidos e planilha detalhada do débito.

Ao locatário ou fiador é permitido questionar a ação de execução de aluguéis por meio dos embargos à execução, em ação autônoma, indicando em sua defesa eventual excesso do valor cobrado, ilegitimidade, prescrição ou, ainda, quitação dos débitos executados. Contudo, o efeito suspensivo só será concedido se a parte embargante efetuar o depósito judicial do valor executado.

considerações finais

Ao longo desta obra, buscamos mostrar como o direito imobiliário está presente nas relações cotidianas e básicas de nossa sociedade, afinal, um dos direitos fundamentais resguardados pela Constituição Federal, o direito à moradia, vincula-se diretamente a essa área do direito privado.

Essa inserção do tema na sociedade evidencia a relevância e o aprofundamento dos estudos no direito imobiliário como uma área autônoma do direito civil.

Outro tema de grande importância e que se tornou expoente nas últimas décadas foi o da incorporação, abordado nesta obra, no Capítulo 4, no qual analisamos os aspectos da incorporação como atividade empresarial, a implicação do patrimônio de afetação na promessa de compra e venda de imóvel na planta, as inovações trazidas pela Lei n. 13.786, de 27 de dezembro de 2018 (Lei do Distrato), e as condições em que se opera a rescisão dessa mobilidade de aquisição imobiliária.

Assim, concluímos os estudos de algumas matérias do direito imobiliário oportunizando ao leitor conhecimentos práticos e teóricos desse segmento que é relevante não apenas para os operadores do direito, mas também para a sociedade como um todo.

Antes de encerramos, devemos destacar que o presente estudo não esgota todos os temas que são objeto do ramo do direito imobiliário, devendo haver mais aprofundamento do leitor mediante a leitura de obras de grandes nomes do direito civil, como Sílvio de Salvo Venosa, Maria Helena Diniz e Melhim Namem Chalhub, especialista em direito imobiliário.

BALBINO FILHO, N. **Direito imobiliário registral**. São Paulo: Saraiva, 2001.

BRANDELLI, L. **Usucapião administrativa**. São Paulo: Saraiva, 2016.

BRASIL. Constituição Federal (1988). **Diário Oficial da União**, Brasília, DF, 5 out. 1988a.

BRASIL. Constituição Federal (1988). Emenda Constitucional n. 132, de 20 de dezembro de 2023. **Diário Oficial da União**, Poder Legislativo, Brasília, DF, 21 dez. 2023a. Disponível em: <https://www.planalto.gov.br/ccivil_03/constituicao/emendas/emc/emc132.htm>. Acesso em: 5 dez. 2024.

BRASIL. Lei n. 4.591, de 21 de dezembro de 1964. **Diário Oficial da União**, Poder Executivo, Brasília, DF, 21 dez. 1964. Disponível em: <https://www.planalto.gov.br/ccivil_03/leis/l4591.htm>. Acesso em: 5 dez. 2024.

BRASIL. Lei n. 6.015, de 31 de dezembro de 1973. **Diário Oficial da União**, Poder Legislativo, Brasília, DF, 31 dez. 1973. Disponível em: <https://www.planalto.gov.br/ccivil_03/leis/l6015compilada.htm>. Acesso em: 5 dez. 2024.

BRASIL. Lei n. 6.530, de 12 de maio de 1978. **Diário Oficial da União**, Poder Executivo, Brasília, DF, 15 maio 1978. Disponível em: <https://www.planalto.gov.br/ccivil_03/leis/l6530.htm>. Acesso em: 5 dez. 2024.

BRASIL. Lei n. 6.766, de 19 de dezembro de 1979. **Diário Oficial da União**, Poder Legislativo, Brasília, DF, 20 dez. 1979. Disponível em: <https://www.planalto.gov.br/ccivil_03/leis/l6766.htm>. Acesso em: 5 dez. 2024.

BRASIL. Lei n. 8.078, de 11 de setembro de 1990. **Diário Oficial da União**, Poder Legislativo, Brasília, DF, 12 set. 1990. Disponível em: <https://www.planalto.gov.br/ccivil_03/leis/l8078compilado.htm>. Acesso em: 5 dez. 2024.

BRASIL. Lei n. 8.245, de 18 de outubro de 1991. **Diário Oficial da União**, Poder Executivo, Brasília, DF, 21 out. 1991. Disponível em: <https://www.planalto.gov.br/ccivil_03/leis/l8245.htm>. Acesso em: 5 dez. 2024.

BRASIL. Lei n. 8.935, de 18 de novembro de 1994. **Diário Oficial da União**, Poder Executivo, Brasília, DF, 21 nov. 1994. Disponível em: <https://www.planalto.gov.br/ccivil_03/leis/l8935.htm>. Acesso em: 5 dez. 2024.

BRASIL. Lei n. 9.514, de 20 de novembro de 1997. **Diário Oficial da União**, Poder Executivo, Brasília, DF, 21 nov. 1997. Disponível em: <https://www.planalto.gov.br/ccivil_03/leis/l9514.htm>. Acesso em: 5 dez. 2024.

BRASIL. Lei n. 10.257, de 10 de julho de 2001. **Diário Oficial da União**, Poder Legislativo, Brasília, DF, 11 jul. 2001a. Disponível em: <https://www.planalto.gov.br/ccivil_03/leis/leis_2001/l10257.htm>. Acesso em: 5 dez. 2024.

BRASIL. Lei n. 10.406, de 10 de janeiro de 2002. **Diário Oficial da União**, Poder Legislativo, Brasília, DF, 11 jan. 2002. Disponível em: <https://www.planalto.gov.br/ccivil_03/leis/2002/l10406.htm>. Acesso em: 5 dez. 2024.

BRASIL. Lei n. 10.931, de 2 de agosto de 2004. **Diário Oficial da União**, Poder Legislativo, Brasília, DF, 3 ago. 2004a. Disponível em: <https://www.planalto.gov.br/ccivil_03/_ato2004-2006/2004/lei/l10.931.htm>. Acesso em: 5 dez. 2024.

BRASIL. Lei n. 11.076, de 30 de dezembro de 2004. **Diário Oficial da União**, Brasília, Poder Executivo, DF, 31 dez. 2004b. Disponível em: <https://www.planalto.gov.br/ccivil_03/_ato2004-2006/2004/lei/l11076.htm>. Acesso em: 5 dez. 2024.

BRASIL. Lei n. 11.196, de 21 de novembro de 2005. **Diário Oficial da União**, Poder Executivo, Brasília, DF, 22 nov. 2005. Disponível em: <https://www.planalto.gov.br/ccivil_03/_ato2004-2006/2005/lei/l11196.htm>. Acesso em: 5 dez. 2024.

BRASIL. Lei n. 12.112, de 9 de dezembro de 2009. **Diário Oficial da União**, Brasília, Poder Legislativo, DF, 10 dez. 2009. Disponível em: <https://www.planalto.gov.br/ccivil_03/_ato2007-2010/2009/lei/l12112.htm>. Acesso em: 5 dez. 2024.

BRASIL. Lei n. 12.744, de 19 de dezembro de 2012. **Diário Oficial da União**, Poder Legislativo, Brasília, DF, 20 dez. 2012. Disponível em: <https://www.planalto.gov.br/ccivil_03/_ato2011-2014/2012/lei/l12744. htm>. Acesso em: 5 dez. 2024.

BRASIL. Lei n. 13.097, de 19 de janeiro de 2015. **Diário Oficial da União**, Poder Executivo, Brasília, DF, 20 jan. 2015a. Disponível em: <https://www.planalto.gov.br/ccivil_03/_Ato2015-2018/2015/Lei/L13097.htm>. Acesso em: 5 dez. 2024.

BRASIL. Lei n. 13.105, de 16 de março de 2015. **Diário Oficial da União**, Poder Legislativo, Brasília, DF, 17 mar. 2015b. Disponível em: <https://www.planalto.gov.br/ccivil_03/_ato2015-2018/2015/lei/l13105.htm>. Acesso em: 5 dez. 2024.

BRASIL. Lei n. 13.465, de 11 de julho de 2017. **Diário Oficial da União**, Brasília, DF, Poder Executivo, 12 jul. 2017. Disponível em: <https://www.planalto.gov.br/ccivil_03/_ato2015-2018/2017/lei/l13465.htm>. Acesso em: 5 dez. 2024.

BRASIL. Lei n. 13.786, de 27 de dezembro de 2018. **Diário Oficial da União**, Poder Legislativo, Brasília, DF, 28 dez. 2018. Disponível em: <https://www.planalto.gov.br/ccivil_03/_ato2015-2018/2018/lei/l13786. htm>. Acesso em: 5 dez. 2024.

BRASIL. Lei n. 13.874, de 20 de setembro de 2019. **Diário Oficial da União**, Poder Executivo, Brasília, DF, 20 set. 2019. Disponível em: <https://www.planalto.gov.br/ccivil_03/_ato2019-2022/2019/lei/l13874.htm>. Acesso em: 5 dez. 2024.

BRASIL. Lei n. 14.711, de 30 de outubro de 2023. **Diário Oficial da União**, Poder Executivo, Brasília, DF, 31 out. 2023b. Disponível em: <https://www.planalto.gov.br/ccivil_03/_ato2023-2026/2023/lei/l14711.htm>. Acesso em: 5 dez. 2024.

BRASIL. Lei n. 14.825, de 20 de março de 2024. **Diário Oficial da União**, Poder Legislativo, Brasília, DF, 21 mar. 2024. Disponível em: <https://www.planalto.gov.br/ccivil_03/_ato2023-2026/2024/lei/L14825.htm>. Acesso em: 5 dez. 2024.

BRASIL. Medida Provisória n. 2.221, de 4 de setembro de 2001. **Diário Oficial da União**, Poder Executivo, Brasília, DF, 5 set. 2001b. Disponível em: <https://legislacao.presidencia.gov.br/atos/?tipo=MPV&numero=2221&ano=2001&ato=ac0MTTE50MNpWT416>. Acesso em: 5 dez. 2024.

BRASIL. Ministério da Fazenda. Secretaria da Receita Federal. Instrução Normativa n. 107, de 14 de julho de 1988. **Diário Oficial da União**,

Brasília, DF, 15 jul. 1988b. Disponível em: <http://normas.receita.fazenda. gov.br/sijut2consulta/link.action?naoPublicado=&idAto=14681&visao=origi nal>. Acesso em: 5 dez. 2024.

CHALHUB, M. A promessa de compra e venda no contexto da incorporação imobiliária e os efeitos do desfazimento do contrato. **Revista de Direito Civil Contemporâneo**, v. 7, abr./jun. 2016.

CHALHUB, M. **Incorporação imobiliária**. 5. ed. Rio de Janeiro: Forense, 2019.

CJF – Conselho da Justiça Federal. **V Jornada de Direito Civil**. Brasília: CJF, 2012. Disponível em: <https://www.cjf.jus.br/cjf/ corregedoria-da-justica-federal/centro-de-estudos-judiciarios-1/ publicacoes-1/jornadas-cej/vjornadadireitocivil2012.pdf>. Acesso em: 5 dez. 2024.

DINIZ, M. H. **Código Civil anotado**. 9. ed. rev., aum. e atual. São Paulo: Saraiva, 2003.

DINIZ, M. H. **Código Civil anotado**. 16. ed. São Paulo: Saraiva, 2012.

DINIZ, M. H. **Curso de direito civil brasileiro**: direito das coisas. 19. ed. rev., aum. e atual. São Paulo: Saraiva, 2002. v. 4.

DINIZ, M. H. **Curso de direito civil brasileiro**: teoria das obrigações contratuais e extracontratuais. 25. ed. rev., atual. e ampl. São Paulo: Saraiva, 2008. v. 3.

DINIZ, M. H. **Curso de direito civil brasileiro**: direito das coisas. 37. ed. rev. e atual. São Paulo: Saraiva, 2020. v. 4.

DINIZ, M. H. **Manual de direito civil**. 4. ed. rev. e atual. São Paulo: Saraiva, 2022.

DINIZ, M. H. **Sistemas de registros de imóveis**. 4. ed. rev., aum. e atual. São Paulo: Saraiva, 2003.

FARIAS, C. C de; ROSENVALD, N. **Direitos reais**. 7. ed. Rio de Janeiro: Lumen Juris, 2011.

FUX, L. **Locações**: processo e procedimento. 5. ed. Rio de Janeiro: Impetus, 2008.

GOMES, O. **Direitos reais**. Rio de Janeiro: Forense, 2001.

GONÇALVES, C. R. **Direito civil brasileiro**. 17. ed. São Paulo: Saraiva, 2022.

GONÇALVES, C. R. **Direito civil brasileiro**: direito das coisas. 12. ed. São Paulo: Saraiva, 2017. v. 5.

GONÇALVES, C. R. **Direito civil brasileiro**: direitos reais. 7. ed. São Paulo: Saraiva, 2012. v. 5.

IHERING, R. von. **Teoria simplificada da posse**. 2 ed. São Paulo: Edipro, 2002.

PEREIRA, C. M. da S. **Condomínio e incorporações**. 5. ed. Rio de Janeiro: Forense, 1985.

PORTUGAL. Ministério Público. Decreto-Lei n. 47.344, de 25 de novembro de 1966. **Diário do Governo**, Lisboa, 25 nov. 1966. Disponível em: <https://www.pgdlisboa.pt/leis/lei_mostra_articulado.php?nid=775&tabela=leis>. Acesso em: 5 dez. 2024.

RESEDÁ, S.; RESEDÁ, M. V. **Alienação fiduciária vista sob a jurisprudência dos tribunais superiores**: novas figuras contratuais. São Paulo: LTr, 2010.

RIBEIRO, B. S. **Tratado de usucapião**. São Paulo: Saraiva, 1992. v. 1.

ROCHA, M. A. O regime da afetação patrimonial na incorporação imobiliária. **Instituto de Registro Imobiliário do Brasil**. Disponível em: <https://www.irib.org.br/obras/o-regime-da-afetacao-patrimonial-na-incorporacao-imobiliaria>. Acesso em: 5 dez. 2024.

RODRIGUES. S. **Direito civil**: dos contratos e das declarações unilaterais de vontade. São Paulo: Saraiva, 2002.

STJ – Superior Tribunal de Justiça. Agravo Interno no Recurso Especial n. 2.055.691/SP. Relator: Raul Araújo. Julgado em: 5 jun. 2023. **Diário da Justiça Eletrônico**, 13 jun. 2023. Disponível em: <https://scon.stj.jus.br/SCON/GetInteiroTeorDoAcordao?num_registro=202300583695&dt_publicacao=13/06/2023>. Acesso em: 5 dez. 2024.

STJ – Superior Tribunal de Justiça. Agravo em Recurso Especial n. 2.074.289/SP. Relator: Marcos Buzzi. Julgado em: 26 set. 2022. **Diário da Justiça Eletrônico**, 28 set. 2022.

STJ – Superior Tribunal de Justiça. Recurso Especial n. 945.055/DF. Relator: Ministro Herman Benjamin, Segunda Turma. Jjulgado em: 2 jun. 2009. **Diário da Justiça Eletrônico**, 20 ago. 2009. Disponível em: <https://www.jusbrasil.com.br/jurisprudencia/stj/6061694/relatorio-e-voto-12194276>. Acesso em: 5 dez. 2024.

STJ – Superior Tribunal de Justiça. Recurso Especial n. 1.614.721/DF. Relator: Luis Felipe Salomão. Julgado em: 22 maio 2019. **Diário da Justiça Eletrônico**, 25 jun. 2019a.

STJ – Superior Tribunal de Justiça. Recurso Especial n. 1.631.485/DF. Relator: Luis Felipe Salomão. Julgado em: 22 maio 2019. **Diário da Justiça Eletrônico**, 25 jun. 2019b.

STJ – Superior Tribunal de Justiça. Súmula n. 245. Julgado em: 28 mar. 2001. **Diário da Justiça**, 17 abr. 2001. Disponível em: <https://www.stj.jus.br/publicacaoinstitucional/index.php/RevSTJ/article/download/9356/9477>. Acesso em: 5 dez. 2024.

STJ – Superior Tribunal de Justiça. Súmula n. 543, 26 ago. 2015. **Diário da Justiça Eletrônico**, 31 ago. 2015. Disponível em: <https://scon.stj.jus.br/SCON/sumstj/toc.jsp?sumula=543>. Acesso em: 5 dez. 2024.

STJ – Supremo Tribunal de Justiça. Tema Repetitivo n. 971. Relator: Ministro Luis Felipe Salomão. Julgado em: 22 maio 2019. **Diário da Justiça Eletrônico**, 25 jun. 2019c. Disponível em: <https://processo.stj.jus.br/repetitivos/temas_repetitivos/pesquisa.jsp?novaConsulta=true&tipo_pesquisa=T&cod_tema_inicial=971&cod_tema_final=971>. Acesso em: 5 dez. 2024.

TARTUCE, F. **Direito civil**: direito das coisas. 15. ed. rev., atual. e ampl. Rio de Janeiro: Forense, 2019. v. 4.

TARTUCE, F. **Direito civil**: teoria geral dos contratos e contratos em espécie. 9. ed. rev., atual. e ampl. São Paulo: Método, 2014.

TJDFT – Tribunal de Justiça do Distrito Federal e dos Territórios. Apelação Cível n. 0702245-75.2017.8.07.0001. Relatora: Gislene Pinheiro. Julgado em: 20 mar. 2019. **Diário da Justiça Eletrônico**, 25 mar. 2019.

TJDFT – Tribunal de Justiça do Distrito Federal e dos Territórios. Apelação Cível n. 0714933-81.2022.8.07.0005.1848309. Relatora: Carmen Bittencourt. Julgado em: 16 abr. 2024. **Diário da Justiça Eletrônico**, 29 abr. 2024.

TJDFT – Tribunal de Justiça do Distrito Federal e dos Territórios. Apelação Cível n. 0721301-94.2017.8.07.0001. Relator: Getúlio de Moraes Oliveira. Julgado em: 14 nov. 2018. **Diário da Justiça Eletrônico**, 5 dez. 2018.

TJGO – Tribunal de Justiça de Goiás. Apelação Cível n. 5059229-20.2020.8.09.0051. Relatora: Sandra Regina Teodoro Reis. Julgado em: 14 jun. 2023. **Diário da Justiça Eletrônico**, 14 jun. 2023,

TJMG – Tribunal de Justiça de Minas Gerais. Agravo de Instrumento n. 1.0000.17.054982-8/001. Relator: Marcos Henrique Caldeira Brant. Julgado em: 13 dez. 2017. **Diário do Judiciário Eletrônico**, 14 dez. 2017.

TJMG – Tribunal de Justiça de Minas Gerais. Apelação Cível n. 00123822020148130059. Relator: Fabiano Rubinger de Queiroz. Julgado em: 28 mar. 2023. **Diário do Judiciário Eletrônico**, 3 abr. 2023a.

TJMG – Tribunal de Justiça de Minas Gerais. Apelação Cível n. 1.0000.22.167069-8/001. Relator: Marcelo Pereira da Silva. Julgado em: 1º fev. 2023. **Diário do Judiciário Eletrônico**, 3 fev. 2023b.

TJMG – Tribunal de Justiça de Minas Gerais. Apelação Cível n. 50154153120208130702. Relator: José Eustáquio Lucas Pereira. Julgado em: 7 jun. 2023. **Diário do Judiciário Eletrônico**, 12 jun. 2023c.

TJPR –Tribunal de Justiça do Paraná. Apelação Cível n. 0069926-49.2016.8.16.0014 (Acórdão). Relator: Francisco Carlos Jorge. Julgado em: 12 jul. 2021. **Diário do Judiciário Eletrônico**, 14 jul. 2021.

TJPR – Tribunal de Justiça do Paraná. Recurso de Apelação n. 0047004-38.2021.8.16.0014. Relator: Desembargador Hayton Lee Swain Filho. Julgado em: 23 maio 2022. **Diário da Justiça Eletrônico**, 24 maio 2022.

TJRS – Tribunal de Justiça do Rio Grande do Sul. Apelação Cível n. 70.077.224.582. Relator: Gelson Rolim Stocke. Julgado em: 12 jul. 2018. **Diário da Justiça Eletrônico**, 30 jul. 2018a.

TJRS – Tribunal de Justiça do Rio Grande do Sul. Apelação Cível n. 70.077.309.854. Relatora: Liege Puricelli Pires. Julgado em: 10 maio 2018. **Diário da Justiça Eletrônico**, 16 maio 2018b.

TJSP – Tribunal de Justiça de São Paulo. Apelação Cível n. 1002471-65.2020.8.26.0003. Relator: Adilson de Araujo. Julgado em: 11 dez. 2020. **Diário da Justiça Eletrônico**, 11 dez. 2020.

TJSP– Tribunal de Justiça de São Paulo. Apelação Cível n. 1007663-95.2020.8.26.0320. Relator: Carlos Abrão. Julgado em: 27 abr. 2021. **Diário da Justiça Eletrônico**, 27 abr. 2021.

TJSP– Tribunal de Justiça de São Paulo. Apelação Cível n. 1014461-92.2016.8.26.0003. Relator: Lino Machado. Julgado em: 11 jul. 2018. **Diário da Justiça Eletrônico**, 12 jul. 2018.

TJSP– Tribunal de Justiça de São Paulo. Apelação Cível n. 10214000320218260007. Relator: Ferreira da Cruz. Julgado em: 13 abr. 2023. **Diário da Justiça**, 14 abr. 2023a.

TJSP – Tribunal de Justiça de São Paulo. Apelação Cível n. 10648504220208260100. Relator: Luís Roberto Reuter Torro. Julgado em: 14 mar. 2023. **Diário da Justiça Eletrônico**, 28 abr. 2023b.

TJSP – Tribunal de Justiça de São Paulo. Apelação Cível n. 10935271420228260100. Relator: Paulo Ayrosa. Julgado em: 31 out. 2023. **Diário da Justiça Eletrônico**, 31 out. 2023c.

VENOSA, S. de S. **Direito civil**: parte geral. 3. ed. São Paulo: Atlas, 2003. (Coleção Direito Civil, v. 1).

VENOSA, S. de S. **Direito civil**: parte geral. 4. ed. São Paulo: Atlas, 2004. (Coleção Direito Civil, v. 1).

VENOSA, S. de S. **Direito civil**: parte geral. 9. ed. São Paulo: Atlas, 2009. (Coleção Direito Civil, v. 1).

VENOSA, S. de S. **Direito civil**: parte geral. 5. ed. São Paulo: Atlas, 2005. (Coleção Direito Civil, v. 1).

WALD, A. **Direito civil**: contratos em espécie. 19. ed. São Paulo: Saraiva, 2009.

Rodrigo Reis Silva é especialista em Direito Imobiliário pela Escola Superior Universitária e graduado em Direito pela Universidade Católica de Santos (2000). Advogado atuante no segmento imobiliário, com mais de dez anos de prática.

Impressão:
Janeiro/2025

introdução ao direito imobiliário